Le 6 avril 1944,
quarante-quatre enfants juifs
sont raflés à Izieu sur ordre de Barbie.
Pas un seul n'est revenu.

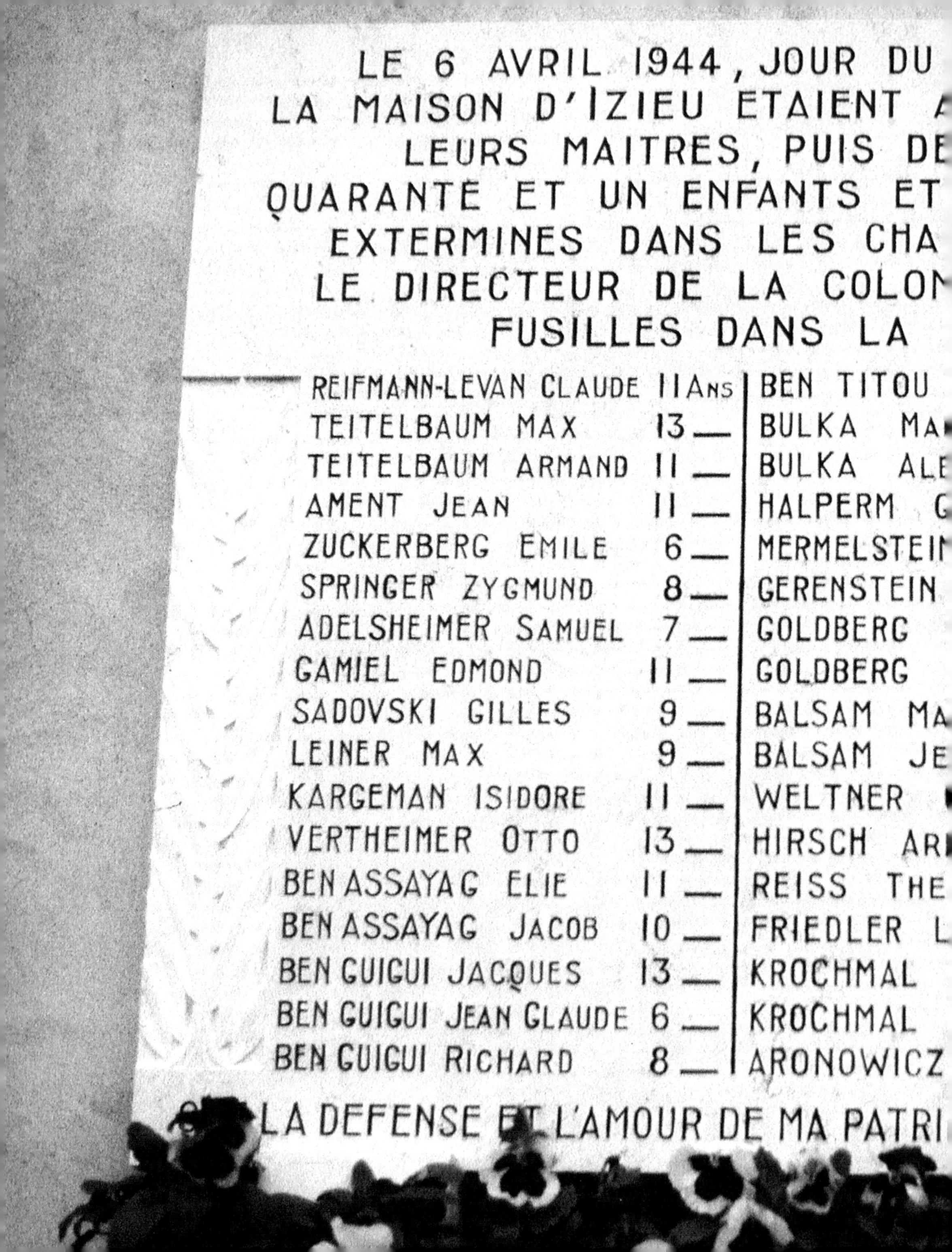
LE 6 AVRIL 1944, JOUR DU
LA MAISON D'IZIEU ETAIENT
LEURS MAITRES, PUIS DE
QUARANTE ET UN ENFANTS ET
EXTERMINES DANS LES CHA
LE DIRECTEUR DE LA COLON
FUSILLES DANS LA
REIFMANN-LEVAN CLAUDE 11 ANS
TEITELBAUM MAX 13 —
TEITELBAUM ARMAND 11 —
AMENT JEAN 11 —
ZUCKERBERG EMILE 6 —
SPRINGER ZYGMUND 8 —
ADELSHEIMER SAMUEL 7 —
GAMIEL EDMOND 11 —
SADOVSKI GILLES 9 —
LEINER MAX 9 —
KARGEMAN ISIDORE 11 —
VERTHEIMER OTTO 13 —
BEN ASSAYAG ELIE 11 —
BEN ASSAYAG JACOB 10 —
BEN GUIGUI JACQUES 13 —
BEN GUIGUI JEAN CLAUDE 6 —
BEN GUIGUI RICHARD 8 —
BEN TITOU
BULKA
BULKA
HALPERM
MERMELSTEIN
GERENSTEIN
GOLDBERG
GOLDBERG
BALSAM
BALSAM
WELTNER
HIRSCH
REISS
FRIEDLER
KROCHMAL
KROCHMAL
ARONOWICZ
LA DEFENSE ET L'AMOUR DE MA PATRI

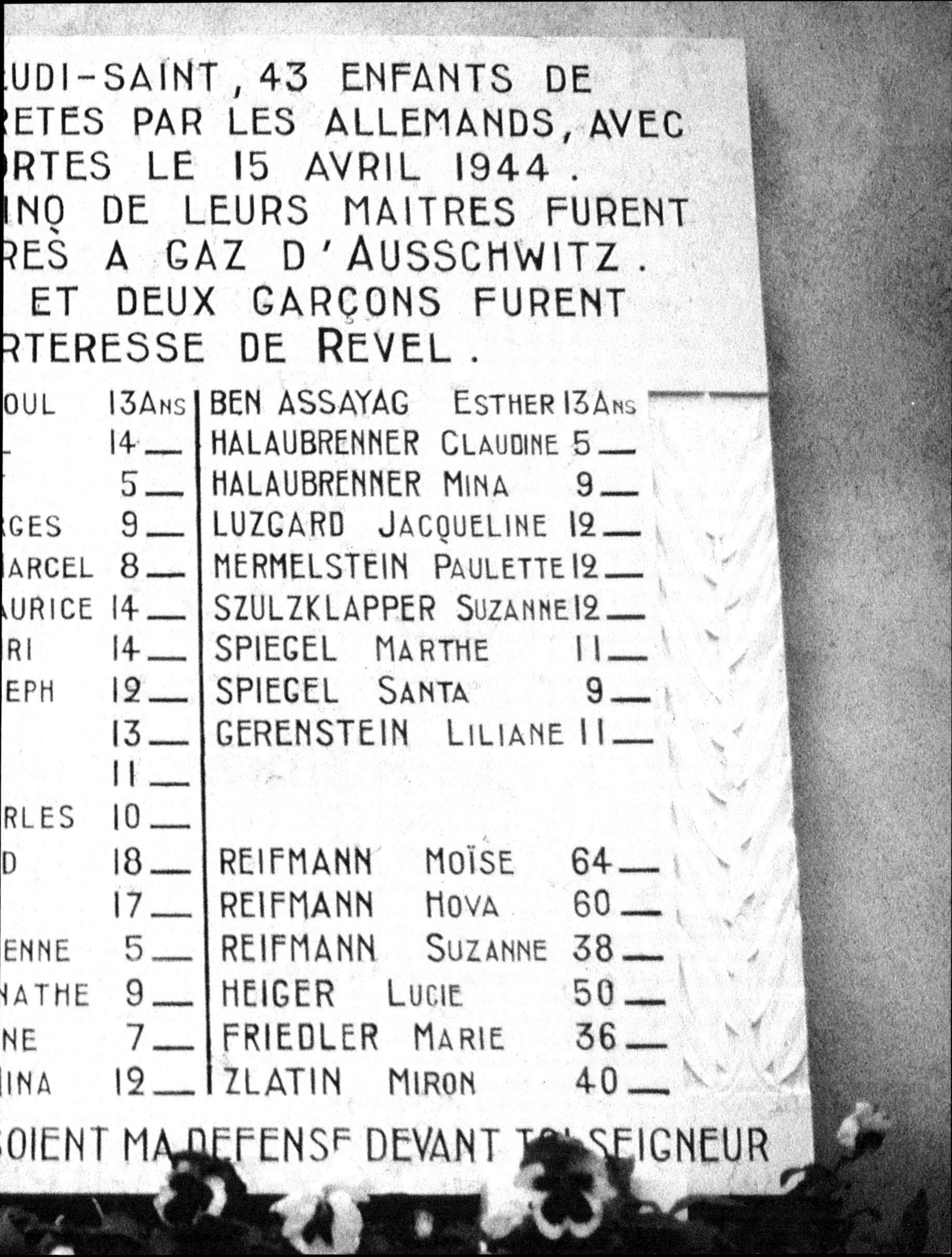
UDI-SAINT, 43 ENFANTS DE
RETES PAR LES ALLEMANDS, AVEC
RTES LE 15 AVRIL 1944.
INQ DE LEURS MAITRES FURENT
RES A GAZ D'AUSSCHWITZ.
ET DEUX GARÇONS FURENT
RTERESSE DE REVEL.
OUL 13 ANS
14
5
GES 9
ARCEL 8
URICE 14
RI 14
EPH 12
13
11
RLES 10
D 18
17
ENNE 5
NATHE 9
NE 7
INA 12
BEN ASSAYAG ESTHER 13 ANS
HALAUBRENNER CLAUDINE 5
HALAUBRENNER MINA 9
LUZGARD JACQUELINE 12
MERMELSTEIN PAULETTE 12
SZULZKLAPPER SUZANNE 12
SPIEGEL MARTHE 11
SPIEGEL SANTA 9
GERENSTEIN LILIANE 11
REIFMANN MOÏSE 64
REIFMANN HOVA 60
REIFMANN SUZANNE 38
HEIGER LUCIE 50
FRIEDLER MARIE 36
ZLATIN MIRON 40
SOIENT MA DEFENSE DEVANT TOI SEIGNEUR

à mon fils Théo

PAGE 2-3 : À PLAT VENTRE AU PREMIER PLAN, THÉO REIS
ET ARNOLD HIRSCH, DERRIÈRE, AU CENTRE, MADAME DÉHAN
ET SON FILS PHILIPPE, CUISINIER À LA COLONIE.
DEBOUT, RAOUL-BAROUK BENTITOU ET LA PETITE DIANE POPOVSKI

PAGE 4-5 : LA MAISON D'IZIEU,
LA ROUTE QUI MONTE, ET SON CALVAIRE.

PAGE 6-7 : LE GRENIER AVAIT ÉTÉ TRANSFORMÉ EN SALLE DE CLASSE.
AUJOURD'HUI UN PUPITRE ET UN MATELAS RAPPELLENT
LE SÉJOUR DES ENFANTS.

PAGE 8-9 : SUR LA MAISON D'IZIEU, LA PLAQUE COMMÉMORANT
LA RAFLE DES 44 ENFANTS ET DES 7 ADULTES.

Le voyage sans retour des enfants d'Izieu

Catherine
Chaine

GALLIMARD

Chapitre I

6 avril 1944, la rafle

8 h 30.

La cloche du petit déjeuner sonne. Les garçons s'ébrouent dans le dortoir en haut de la grange puis dégringolent quatre à quatre l'escalier en colimaçon, pressés d'avaler leur bol de cacao au réfectoire. Le ciel est pur. La journée sera belle. Ensoleillée. Le printemps est là, enfin, après l'hiver interminable dans ces montagnes du Bugey, au-dessus de la vallée du Rhône. Les vacances de Pâques commencent demain. La fièvre des préparatifs agite toute la maison. Les coussins sont sortis sur la terrasse et les grands savent par cœur la pièce qu'ils vont jouer avec les monitrices. Léon Reifman, l'étudiant en médecine, leur grand frère à tous, est arrivé ce matin pour passer les vacances avec eux. C'est lui qui leur explique comment les Allemands reculent partout. En Afrique, en Russie, en Yougoslavie. Ils sont fichus. Bien fait pour leur gueule. Le débarquement approche. On en parle de plus en plus.

Oui, ce jeudi saint s'annonce bien. Les petits vont faire des roulades dans les prés qui descendent en pente raide autour de la ferme. Ils ont envie de courir dans l'herbe nouvelle. Le soleil réveille leurs forces de jeunes citadins. Et Théo Reis, seize ans, l'aîné des quarante-quatre enfants réfugiés là, rêve peut-être à l'été prochain : si Paulette revenait passer ses vacances ici, comme monitrice ? Paulette, lycéenne à Montpellier, sa grande amie qu'il savait si bien faire rire. Ils avaient tant de choses à se dire qu'il a fait des progrès fous en français, lui le jeune Juif allemand chassé de son pays par les nazis, elle, la jolie petite Provençale avec ses robes d'été légères.

9 h

Deux camions bâchés et une voiture décapotable gravissent lentement le chemin pentu. Personne ne les a entendus grimper la côte qui monte de la vallée. Leurs pneus crissent sur la terrasse. Les bâches s'écartent ; une douzaine de soldats casqués, mitraillette au poing, bondissent comme à l'assaut. En quelques secondes ils encerclent la maison, contrôlent les portes, empêchant toute fuite vers les bois et les collines. De la voiture sortent deux Allemands en gabardine et chapeau mou accompagnés d'un Français en pantalon de velours et veste bleue. Ils se plantent devant la maison près du grand bassin de pierre en forme de trèfle où il faisait si bon se baigner l'été, s'éclabousser sans fin.

La maison d'enfants aujourd'hui

Le plus petit des deux Allemands en civil s'agite et donne des ordres. Il s'appelle Klaus Barbie[1*]. C'est lui qui commande. Les soldats hurlent « Schnell ! Schnell ! » et ouvrent les portes à coups de botte. Ils ont déjà tiré les derniers retardataires des dortoirs, bousculé les lambins dans l'escalier et poussé tout le monde dans le réfectoire. « Que personne ne sorte ! » Les petits s'affolent et pleurent. Les bols de cacao fument encore mais les enfants ne les voient même plus.

Léon Reifman descend l'escalier quand sa sœur Suzanne, le médecin de la colonie, lui chuchote : « Léon, sauve-toi, ce sont les Allemands ! » Léon remonte quatre à quatre au premier étage, ouvre une fenêtre et saute dans le jardin trois mètres plus bas. Il se terre dans un buisson. Théo et les quatre autres grands auraient pu fuir comme lui mais où sont-ils ? s'interroge Léon. Ont-ils déjà été capturés en bas par les hommes casqués ? Les Allemands fouillent chaque pièce, chaque recoin, chaque placard. « Schnell ! Tous dans les camions ! Plus vite que ça ! » Coups de pied, coups de crosse. Les pleurs et les cris des enfants redoublent, couverts par les ordres hurlés par les nazis. Miron Zlatin, le directeur, s'interpose : « Prenez les adultes, pas les enfants. » Il reçoit la crosse d'une mitraillette sur la tête.

Le matin de la rafle, Léon Reifman a sauté par cette fenêtre du premier étage.

* Voir les notes page 102.

Julien Favet, le jeune ouvrier agricole, le grand ami des enfants, arrive sur la terrasse. Torse nu, en short, il vient chercher son casse-croûte du matin. « Julien ! Aide-nous ! » crient les deux frères Goldberg (âgés de douze et treize ans) qui aimaient tant travailler avec lui. En quelques secondes, Julien a une mitraillette braquée sur lui. Que peut-il faire ? Regarder. Enregistrer. Et plus tard, témoigner. Aujourd'hui il raconte : « Les camions étaient trop hauts. Les petits n'arrivaient pas à monter dedans. Les soldats les prenaient par la peau du cou et les jetaient comme des sacs de pommes de terre. »

« Schnell ! Schnell ! » Les seigneurs casqués n'ont pas de temps à perdre. Quarante-quatre enfants et sept éducateurs sont entassés sous les bâches. « Julien, c'est fini pour nous ! » a le temps de crier Théo.

Des coups de sifflet déchirent le silence et la paix de la montagne. Le soleil continue à inonder la terrasse, à jouer avec l'eau de la fon-

La route d'accès
à la maison d'Izieu

À droite : Diane Popovski.
Elle vivra jusqu'à la fin de la guerre
chez les Paillarès à Montpellier

taine. Les camions démarrent. Dans la Citroën décapotable, un officier serre entre ses genoux un jeune cochon volé. Dans les camions bâchés, les monitrices redoublent de gestes tendres, elles veulent rassurer « leurs » enfants. Crânement, elles entonnent avec eux :

Vous n'aurez pas l'Alsace et la Lorraine
Et malgré vous, nous resterons Français…

Julien Favet et Eusèbe Perticoz, son patron, sont plantés là, fous d'impuissance et de rage. Ils n'oublieront jamais ces voix qui ont résonné quelques secondes avant le grand silence.

Ce soir Barbie enverra un télégramme au chef de la Gestapo[2] en France. « Ce matin, le centre d'enfants juifs d'Izieu a été enlevé. »

Chapitre II

Izieu, ultime refuge après la fuite

Dans les deux camions qui descendent la côte en lacets, quarante-quatre enfants et sept adultes sont plongés dans le noir sous les bâches qui les emprisonnent et les isolent du monde. Ils se cognent les uns aux autres au gré des cahots et des virages de la route. Ils ne voient ni les vignes, ni les bois, ni les prés qui couvrent le flanc des collines dans la lumière de midi.

A Brégnier-Cordon, le convoi s'immobilise devant la confiserie Bilbor pour faire le plein du gazogène[3]. Un soldat allemand soulève la toile et une employée de Bilbor reconnaît son neveu, le petit René Wucher, que son père a déposé à la colonie d'Izieu quelques jours auparavant. Cris, retrouvailles, embrassades. «Il n'est pas juif», répète sa tante, et les soldats la laissent prendre le garçonnet de huit ans.

Les camions repartent. La-Tour-du-Pin, Bourgoin, La Verpillière, Saint-Laurent-de-Mûre : les villes et les villages des vivants ralentissent à peine la marche des camions vers la mort.

Qui sont ces quarante-quatre enfants qui n'ont plus que quelques jours à vivre avant d'être gazés ou peut-être jetés directement dans les fosses incandescentes situées derrière les chambres à gaz d'Auschwitz[4] ? D'où viennent-ils ? Comment sont-ils arrivés dans cette belle ferme perchée dans les bois de châtaigniers à l'écart du village ?

Tous sont juifs français ou étrangers. Depuis le début de la guerre leurs familles ont essayé de fuir l'avancée foudroyante des troupes allemandes. Partout où les armées du Troisième Reich[5] imposent leur loi, les Juifs sont persécutés, tués sur place ou déportés vers les camps d'extermination que les Allemands ont construit à l'est de l'Europe. Hitler[6] l'a prévu dans *Mein Kampf*[7] dès 1925 : la race juive, responsable de tous les malheurs de l'Allemagne, doit être éliminée.

En avril 1944, le délire meurtrier d'Hitler est devenu réalité : des millions de Juifs ont déjà été exterminés. En France, les caches sont de plus en plus précaires, surtout pour les Juifs étrangers qui ont fui l'Allemagne ou l'Europe centrale quand les persécutions raciales ont commencé, au début des années trente. Sans travail, sans argent, souvent isolés, avec un accent qui trahit leur origine, ils sont venus par milliers chercher refuge en France, le pays des Droits de l'homme où ils avaient mis leurs derniers espoirs.

Sur les plates-formes des deux camions, enfants et moniteurs tentent de se réconforter. Ceux qui se souviennent d'eux parlent aujourd'hui encore des liens si forts qui les unissaient. Mina et Claudine Halaunbrenner, huit et cinq ans, ne se quittaient jamais. Albert Bulka, dit Coco, quatre ans, le benjamin de la colonie, adorait son grand frère, Marcel. Emile Zuckbergerg, cinq ans, avait adopté Léa Feldblum comme une seconde mère depuis que la sienne avait été arrêtée et emmenée sous ses yeux par deux S.S.[8] Et Théo Reis, embarqué avec ses amis Arnold Hirsch et Fritz Loebman, pense peut-être au précédent voyage, tout aussi atroce, que lui ont imposé les nazis il y a près de quatre ans. Il se souvient.

C'était en octobre 1940 quand les Allemands ont décidé d'expulser tous les Juifs de Bade et du Palatinat[9] en France. Deux S.S. avaient sonné à quatre heures du matin. En moins de dix minutes, il était embarqué avec sa mère et sa grand-mère à la gare de Karlsruhe où un millier d'hommes, de femmes et d'enfants avaient été parqués dans des sous-sols. Pas de toilettes. Rien à boire ni à manger. Qu'allait-on faire d'eux ? Personne ne le savait. Vingt-quatre heures plus tard, entassés dans des trains, des fusils mitrailleurs braqués sur eux, ils ignoraient toujours où on les emmenait. Le lendemain, ils avaient reconnu les paysages français et, après la ligne de démarcation, en entrant dans la zone Sud, les gardes mobiles français avaient remplacé les soldats allemands. Trois jours et quatre nuits dans un train à crever de faim et de soif. C'est là que Théo avait vu la mort pour la première fois ; des cadavres entassés dans un coin du wagon. Et puis il était arrivé au camp français de Gurs[10], dans les Pyrénées, où il avait retrouvé Paul Niederman, son ami d'enfance. Les baraques de bois posées à même la boue. Le froid, les rats, les poux, les paillasses sans paille ou presque, les soupes d'eau claire avec quelques épluchures de navet, les hommes qui mangent de l'herbe à quatre pattes, la peur d'attraper le typhus ou la fièvre typhoïde qui vous menaient tout droit à l'infirmerie d'où l'on était sûr de sortir les pieds devant. Et ce fut le transfert au camp de Rivesaltes[10], près de Perpignan, toujours avec Paul, où ils étaient restés quatre mois.

Sabine Zlatin au procès
de Klaus Barbie à Lyon.

Là, les enfants des réfugiés espagnols[11] avaient été formidables. Ils les avaient guidés la nuit, sous les barbelés, jusqu'aux premières maisons des paysans qui leur donnaient ou leur vendaient de la nourriture. Ils leur avaient appris à se tailler des habits dans de vieilles couvertures. A enfiler des victuailles dans les jambes de leurs pantalons ficelés aux mollets et dans leurs manches serrées aux poignets. Ainsi revenaient-ils, lestés de saucissons, de légumes et de fruits, les mains libres pour ramper jusqu'au camp. Les enfants espagnols leur avaient donné toutes leurs astuces de survie, eux qui croupissaient là depuis des mois déjà.

Puis Mme Zlatin avait sorti Théo de Rivesaltes avec Paul et d'autres enfants. Pour lui la succession des maisons d'enfants avait commencé :

Palavas, Vic-sur-Cère, Ussac, la ferme-école de La Roche. Il restait deux jours, quinze jours, un mois, toujours sur le qui-vive. A partir de novembre 1942, dès que l'on soupçonnait les Allemands d'avoir appris l'existence de la planque, il fallait partir. A La Roche, le directeur avait planté du maïs tout autour de la maison : à la moindre alerte il fallait disparaître dans les champs ! Toutes les nuits un grand faisait le guet avec un long fil de fer relié à une cloche. Et en mai 1943, Théo et Paul avaient enfin rejoint les Zlatin qui venaient de trouver la maison d'Izieu. Izieu où, le soir à la fraîche, sur la belle terrasse, ils faisaient des projets pour «après»...

Dans le camion qui poursuit sa route, Claudine Halaunbrenner s'est peut-être endormie dans les bras de sa grande sœur Mina.

Comme Théo et Paul, Mina aussi a connu Gurs et Rivesaltes, ces camps français administrés par le gouvernement de Vichy[12] qui enferme là tous les «indésirables». Un jour, dans la chapelle ardente de Rivesaltes, elle a même vu un bébé mort qui semblait la regarder avec ses grands yeux bleus que personne n'avait songé à fermer. Mais à Gurs, à Rivesaltes, ils avaient la chance d'être encore tous ensemble, les cinq enfants avec leurs parents. Tout était alors supportable : la boue, les poux, la tramontane qui vous scie en deux lorsque la nuit il faut aller dehors jusqu'aux cabinets, et même cette piqûre si douloureuse contre le typhus. Alexandre, son frère de onze ans, sortait la nuit avec ses copains gitans pour aller faucher des légumes dans les potagers des gardiens. Il était si mince, si agile, il passait même dans les tuyaux d'égout...

Quelques mois plus tard, son père ayant fini par trouver un travail dans une usine de soie artificielle ; ils étaient tous sortis du camp et s'étaient installés dans la banlieue de Lyon. C'est là, quelques jours après leur arrivée, que Barbie était entré chez eux un matin avec un grand soldat S.S. Comment dire la peur ? Mina n'oubliera jamais ce 24 octobre 1943. Elle était assise sur les genoux de son père avec Monique, sa petite sœur de onze mois, quand Barbie avait demandé où était Joseph, leur cousin résistant[13]. Son père n'en avait pas la moindre idée. Il l'avait répété vingt fois à Barbie, en allemand, très calmement, les petites toujours sur ses genoux. Barbie, fou de rage, avait sorti son revolver, l'avait remis dans sa poche, ressorti et même pointé sur la tempe de son père, en criant : « Si tu ne me dis pas où est ton cousin, dans vingt-quatre heures tu es fusillé. » Son père n'avait pas bronché. Barbie était resté toute la journée et quand Léon, le frère aîné de Mina, était rentré du travail, Barbie l'avait pris pour Joseph jusqu'à ce que sa mère lui explique, le persuade : Léon n'avait même pas quatorze ans ! Barbie, furieux, avait emmené son père et Léon en hurlant : « Ce n'est pas une voiture, c'est un camion qu'il faut pour embarquer une famille pareille ! »

Le lendemain ils étaient tous dans la rue quand ils virent un camion s'arrêter devant leur porte. Ils s'éloignèrent, mine de rien, comme des passants, sans presser le pas. Quelques jours plus tard, Mina montait avec Claudine à Izieu. Sa mère lui avait expliqué qu'elles y seraient en sécurité jusqu'à la fin de la guerre. C'était cinq mois plus tôt.

Depuis, tous les jours, Mina a attendu la fin de la guerre. Epiant les conversations des «grands», guettant les plus petits indices. La guerre terminée, ils seraient à nouveau tous réunis. Alors ce matin, pourquoi ces soldats, aussi féroces que ceux qui ont arrêté son père et Léon ? Pourquoi ? Pourquoi ? La peur est revenue. Et dans ses bras, Claudine endormie est lourde. Si lourde.

Théo, Mina, Claudine, et aussi Hans, Sami, Nina, Charles, Elie, Jacob et Jean-Claude... Quarante-quatre enfants sont entassés dans les camions. Dans deux mois, jour pour jour, les alliés débarqueront en Normandie. Trop tard pour eux. Les enfants d'Izieu ont réussi à survivre à quatre années de guerre. Quatre années de courage, de ruse, de fausses cartes d'identité, de certificats de baptême trafiqués, de rafles évitées, de planques provisoires, de camps d'internement français. Quatre années de fuite, d'errance, trimbalés comme des paquets d'un lieu à un autre. Quatre années à serrer les dents pour supporter la faim, le froid, la séparation de ceux qu'ils aimaient. Jusqu'alors traqués comme des souris, à Izieu ils reprenaient enfin leur souffle...

Chapitre III

Naissance
de la maison d'Izieu

C'est en mars 1943 que Sabina et Miron Zlatin ont ouvert la maison d'Izieu. Rien ne les préparait à créer un *home* d'enfants. Miron était ingénieur agricole, Sabina, peintre, mais infirmière militaire depuis le début de la guerre. Jeunes étudiants, ils avaient fui la Pologne, rêvant d'un pays sans pogrome[14], sans antisémitisme[15]. D'un pays où les Juifs sont des citoyens comme les autres. Et bien sûr ils avaient choisi la France, la terre de la Révolution et de la Déclaration des droits de l'homme. Mais les choses s'étaient très vite gâtées : naturalisés depuis peu, ils durent abandonner leur exploitation agricole dans le Nord, à Landas, et fuir en juin 1940 devant les blindés allemands qui enfonçaient les lignes françaises à une vitesse terrifiante. Ils gagnèrent la zone Sud[16] et s'installèrent dans une petite ferme près de Montpellier. Sabina travaillait comme infirmière à l'hôpital militaire jusqu'au jour où elle fut renvoyée parce qu'elle était juive.

Le gouvernement de Pétain[17] multiplie les lois antisémites. Le statut des Juifs du 3 octobre 1940[18] les exclut de très nombreuses professions, les réduisant à la misère. Pire encore, le lendemain, une loi[19] autorise les préfets à interner les «étrangers de race juive». La chasse à l'homme est alors déclarée, Vichy peut se débarrasser de ses «métèques» et les enfermer par milliers dans des camps qui deviendront, à partir de l'été 1942, les antichambres de la déportation quand les nazis appliqueront la solution finale à la France.

A ce moment-là, le gouvernement de Vichy est entraîné dans une spirale : après avoir enfermé les Juifs, il les livre aux Allemands, passant du stade de l'exclusion à celui de la complicité meurtrière.

A Montpellier, Sabina Zlatin entend parler des camps d'internement tout proches d'Agde[10] et de Rivesaltes. Comme elle n'a peur de rien, elle s'engage comme assistante sociale à la préfecture et décide d'arracher les enfants des camps. La loi autorise à sortir ceux qui ont moins de quinze ans à condition qu'ils aient un «certificat d'hébergement» délivré par la préfecture. Or justement, à la préfecture de Montpellier, MM. Benedetti et Friderici font tout pour aider les Juifs et fournissent les certificats nécessaires à la libération des jeunes internés. Munie de ces précieux papiers, Sabina va deux à trois fois par semaine à bicyclette ou en camionnette chercher les petits à Agde puis à Rivesaltes.

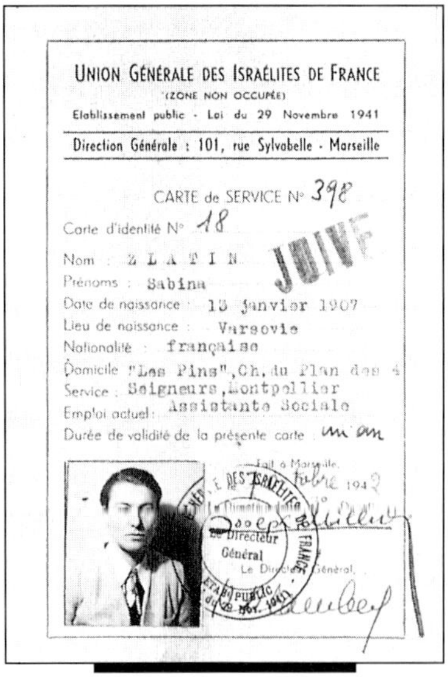

UNION GÉNÉRALE DES ISRAÉLITES DE FRANCE
(ZONE NON OCCUPÉE)
Etablissement public - Loi du 29 Novembre 1941
Direction Générale : 101, rue Sylvabelle - Marseille

CARTE de SERVICE N° 398
Carte d'identité N° 18
JUIVE
Nom : ZLATIN
Prénoms : Sabina
Date de naissance : 13 janvier 1907
Lieu de naissance : Varsovie
Nationalité : française
Domicile "Les Pins", Ch. du Plan des 4
Service : Seigneurs, Montpellier
Emploi actuel : Assistante Sociale
Durée de validité de la présente carte : un an

Fait à Marseille,
Le Directeur Général

LA CARTE D'IDENTITÉ
DE SABINE ZLATIN

«Prenez nos enfants ! Prenez nos enfants !» Sabina Zlatin est aujourd'hui une vieille dame de plus de quatre-vingts ans mais elle n'a pas oublié ce cri qui l'a accueillie quand elle est entrée pour la première fois dans une baraque du camp d'Agde. Intuition des mères : les femmes juives et tsiganes suppliaient qu'on sorte leurs enfants alors que les Espagnoles, qui ne seront pas déportées, ne le demandaient pas.

Dans cette cabane dont elle dit aujourd'hui qu'elle n'aurait pas osé y mettre les bêtes de sa ferme, les femmes et les enfants l'ont d'abord dévisagée en silence, stupéfaits de voir cet uniforme impeccable au milieu de leurs hardes. Et puis cette supplication répétée par toutes les mères : « Prenez nos enfants ! »

Coco Bulka

Sabina, n'ayant que cinq ou six autorisations à la fois, commence par prendre les plus petits. Albert Bulka, l'un des enfants d'Izieu, sera de ce premier voyage. « Notre sort est scellé, avait dit sa mère à Sabina, mais sauvez mon fils. »

Albert n'avait pas pleuré quand Sabina l'avait assis sur son guidon. Quatre ou cinq enfants à peine plus grands avaient marché à leurs côtés jusqu'à la gare où ils avaient pris le train pour Montpellier. Là, Sabina confiait sa petite troupe à l'O.S.E.[20] (l'Œuvre de Secours aux

Enfants), cette association juive qui réussit à sauver des milliers d'enfants pendant la guerre.

Rien n'arrêtait Sabina Zlatin. Quand les enfants n'avaient pas de permis ou qu'ils avaient dépassé l'âge légal, elle graissait la patte des gardiens et les sortait quand même. Et comme la préfecture de l'Hérault était bienveillante et donnait généreusement les précieux certificats, Sabina Zlatin ouvrit avec l'O.S.E. une maison d'enfants à Palavas où les petits rescapés des camps étaient accueillis, soignés, épouillés, lavés avant d'être dirigés vers l'une des nombreuses maisons d'enfants de l'O.S.E. en zone libre.

En juillet 1942, c'est la rafle du Vel' d'Hiv[21] à Paris et les grandes rafles de l'été[22] en zone occupée et en zone libre. Le choc est immense : ces arrestations massives sont exécutées par la police française et n'épargnent ni les femmes ni les enfants. Vichy est complice des Allemands et une grande partie des Français le comprend enfin. Après deux longues années de silence sur les lois antisémites et l'internement des étrangers, les églises chrétiennes protestent. L'O.S.E. décide de renoncer à son existence légale et d'entrer dans la clandestinité. Désormais, il faut désobéir. Et de toute urgence. Fermer les *homes* qui risquent de devenir des guet-apens. Disperser les enfants en milieu non juif. Fabriquer des faux papiers. Trouver des familles chrétiennes ou des couvents pour les accueillir. Les emmener clandestinement en Suisse.

En novembre 1942 la zone libre est occupée. Les Allemands sont partout. Une antenne de la Gestapo s'installe à Montpellier. L'O.S.E. évacue la maison de Palavas, et emmène une partie de ses protégés dans un château, près de Lodève. Le bureau de Montpellier est précipitamment fermé et Sabina se heurte un jour à une porte close. Que faire ? Une quinzaine d'enfants et quelques moniteurs venus de Palavas ne savent plus où aller. Miron et Sabina se sentent pris au piège. Ecrasés par la charge de ces enfants qui s'accrochent à eux. Mais comment les abandonner ? Eux dont la vie n'a été qu'une longue suite de séparations et d'angoisses ? Il faut faire face. Poursuivre le sauvetage commencé dans les camps. Trouver des caches à l'abri des rafles. Et vite.

Sabina confie cette mission à son ami Léon Reifman. Après avoir été chassé de la faculté de médecine parce qu'il était juif, Léon est devenu éducateur à Palavas. Il adore les enfants et part immédiatement à Chambéry voir l'archevêque qui peut lui ouvrir les portes de tous les établissements religieux de la région.

Quand il entre dans l'hôtel particulier de l'archevêché, Léon est plein d'espoir : au cours de l'été 1942, plusieurs cardinaux ont enfin protesté auprès du chef de l'Etat contre le traitement inhumain infligé aux Juifs. Certains ont même écrit des lettres pastorales que les prêtres ont lu le dimanche en chaire. Elles dénoncent le scandale des déportations et rappellent aux chrétiens leur devoir de charité. Oui, Léon a confiance…

Un jeune prêtre, secrétaire de l'archevêque, le reçoit aimablement. Sa demande lui semble juste. Il la transmettra à Monseigneur qui seul peut prendre la décision et il conseille à Léon de repasser un peu plus tard.

Quand Léon s'apprête à sortir, la limousine noire du prélat arrive, et le jeune abbé invite Léon à présenter lui-même sa requête. Dans le bureau de l'archevêque, Léon expose la menace qui pèse sur la vie de ces enfants, l'urgence de leur trouver un abri. La réponse tombe, parfaitement courtoise : « Mais, monsieur, comment voulez-vous que nous mélangions dans nos maisons des enfants catholiques et des enfants juifs ? »

Léon fait appel à toute sa force de persuasion. Il souligne le danger de déportation, de mort, qui devrait faire passer ces préoccupations, aussi justifiées soient-elles, au second plan. Il plaide pour ses protégés, souligne qu'il ne s'agit que d'une aide provisoire... « Monsieur, je vais réfléchir, laissez votre adresse, je vous écrirai », conclut l'évêque pressé d'en finir. Deux jours plus tard, Léon Reifman reçoit une carte de visite du prélat qui regrette de ne pouvoir donner une suite favorable à sa demande.

Le sort en est jeté. Les dix-sept enfants ne seront ni dispersés ni cachés dans les collèges

De gauche à droite : Majer-Marcel Bulka, Coco Bulka, Alec Bergman (survivant).

catholiques de la région. Ils resteront ensemble. Visibles. Vulnérables. A la merci d'une dénonciation. A la préfecture, M. Friderici qui a déjà tant aidé Sabina Zlatin lui conseille de quitter Montpellier sans tarder et d'aller s'installer avec sa petite troupe dans la zone italienne[23]. Là, pas de Gestapo, et les autorités italiennes ne sont pas antisémites. M. Friderici téléphone donc au jeune sous-préfet de Belley dans l'Ain, Pierre-Marcel Wiltzer, dont il connaît les convictions antiallemandes, et lui demande d'aider Sabina Zlatin.

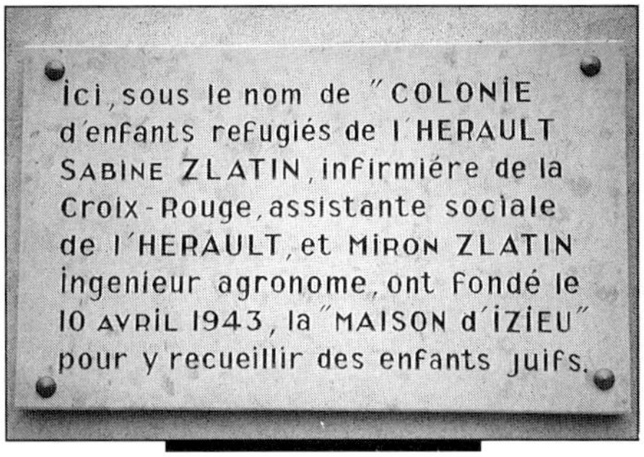

LA PLAQUE COMMÉMORATIVE POSÉE SUR LA MAISON D'IZIEU.

C'est ainsi qu'un matin de mars 1943 Pierre-Marcel Wiltzer voit arriver dans son bureau une jeune femme alerte et décidée en uniforme de la Croix-Rouge. Sabina Zlatin lui explique qu'elle a la charge de dix-sept jeunes réfugiés dont les parents sont cachés, internés ou déjà déportés. Pierre-Marcel Wiltzer, qui a aujourd'hui plus de quatre-vingts ans, se souvient parfaitement de cette entrevue. Il a soigneusement évité toute question délicate. Le mot «juif» n'a pas été prononcé. Il a emmené Sabina visiter la maison d'Izieu et une ou deux autres. La ferme d'Izieu était cachée dans les montagnes, isolée dans le hameau de Lélinaz, à l'écart des routes, et Pierre-Marcel Wiltzer se rappelle avoir dit à Sabina Zlatin : «Ici, vous serez tranquille.» Et ils décident d'appeler la maison : Colonie des enfants réfugiés de l'Hérault.

Chapitre IV

Jouer, travailler, survivre

En mars 1943, Miron et Sabina Zlatin accompagnés de trois ou quatre monitrices arrivent enfin à Izieu avec une quinzaine d'enfants. Le petit noyau grossira vite : les maisons de l'O.S.E. sont presque toutes fermées, la chasse aux Juifs s'intensifie, les enfants à cacher sont de plus en plus nombreux et les Zlatin héritent à Izieu de ceux qui n'ont pas pu être recueillis en milieu chrétien. L'été 1943, la grosse ferme abritera jusqu'à soixante jeunes pensionnaires ! Les arrivées et les départs se succèdent et, de mars 1943 à avril 1944, près de cent enfants ont trouvé refuge à Izieu. Ils restent quelques semaines ou quelques mois, rarement plus longtemps. Les plus chanceux sont repris par leurs familles quand elles ont trouvé un abri sûr. D'autres sont placés par Sabina Zlatin dans des collèges catholiques de Montpellier ou de Lyon. Certains grands sont emmenés en Suisse grâce aux Eclaireurs Israélites[24] ou à des filières de l'O.S.E.

Au printemps 1944, le danger se rapproche et quarante-quatre enfants sont encore là, petits paysans improvisés qui s'apprêtent à vivre leurs premières vacances de Pâques à la ferme. Leurs voix se sont tues en avril 1944 à Auschwitz. Aujourd'hui à Izieu, leur silence envahit tout. La belle terrasse et sa balustrade en fer forgé au-dessus de la vallée.

La cour et son bassin de pierre. La salle à manger avec sa cheminée ornée de fleurs de lys. Et le cirque de collines qui enveloppent la ferme de ses pentes boisées.

Ils sont partis et personne ne saura jamais les chagrins, les joies, les angoisses, et les espoirs qu'ils ont connus ici. Imaginaient-ils le sort de leurs parents déjà déportés pour la plupart ? Comment supportaient-ils leur absence ? Certains pressentaient-ils le danger ? A Izieu, la maison vide et le vent des montagnes ne répondent rien.

PAULETTE PAILLARÈS ET THÉO REIS.

Il faut aller sur place, visiter la ferme, rencontrer les villageois qui se rappellent les enfants. Demander à leurs frères ou à leurs sœurs d'évoquer leur souvenir. Interroger Sabina Zlatin bien sûr, mais aussi le docteur Léon Reifman, leur éducateur, et Gabrielle Perrier, leur institutrice. Rencontrer ceux qui sont partis avant la rafle, réveiller leur mémoire, écouter les récits de leur vie à Izieu. Peu à peu les ombres des enfants s'animent et se dessinent, un peu moins floues. Les anecdotes, les bribes de souvenirs, quelques phrases, quelques mots d'enfants sauvés de l'oubli et chacun peut essayer d'imaginer leurs derniers mois dans ce refuge savoyard.

La fontaine où il faisait si bon se baigner.

Il faut d'abord décrire la belle maison qui les abrita pendant presque un an avec son toit de tuiles romaines, sa grange attenante en pierres sèches et surtout son magnifique bassin au milieu de la cour. L'heureux propriétaire, qui guida les eaux jusque-là au XIXe siècle, inscrivit fièrement son nom sur la margelle : Jean-Anthelme Vollet-Masson.

A un jet de pierres, la ferme de la famille Perticoz est là, ouverte sur la même terrasse en balcon au-dessus de la vallée. Les Perticoz furent les seuls voisins des enfants d'Izieu, leur contact avec l'extérieur, et leurs initiateurs chaleureux aux travaux des champs.

Les deux maisons forment le hameau de Lélinaz et ressemblent aux fermes dessinées dans les livres d'images. Tout est là : l'auge en pierre, le four à pain, le majestueux tilleul et la fontaine. Tout révèle qu'elles ont été construites par des paysans prospères aux habitudes de bourgeois.

Dans la maison réquisitionnée pour les petits « réfugiés de l'Hérault », les pièces sont grandes, éclairées par trois ou quatre fenêtres, les sols sont en parquet, les murs souvent recouverts de boiseries. On comprend pourquoi Sabina Zlatin a été immédiatement conquise : le lieu est spacieux sans avoir la froideur d'un collège, la vue est magnifique, et surtout, surtout, seul un mauvais chemin grimpe jusque-là. L'endroit est isolé, et du grenier transformé en tour de guet, on peut surveiller toute la vallée et l'unique route qui monte au village.

Belle maison disent ceux qui la visitent aujourd'hui. Les enfants qui la découvraient en 1943, dans des conditions souvent dramatiques, la voyaient sans doute avec d'autres yeux. Mme Zlatin raconte comment trois enfants furent un jour « déposés » sur la terrasse par un père paniqué, à bout de forces. Leur mère venait d'être arrêtée, lui aussi était recherché, Miron refusait de

La grange en pierres sèches
où dormaient les garçons.

les prendre : la maison était remplie au-delà du raisonnable, les problèmes de ravitaillement devenaient dramatiques. A bout d'arguments, sans autre solution, le père les a plantés là et il est parti en courant.

Samuel Pintel, six ans, n'a pas dû la trouver belle non plus quand il est arrivé transi, un après-midi de novembre. Deux jours avant, sa mère avait été raflée sous ses yeux avec tous les Juifs de leur hôtel à Annecy. Dans la bousculade de la rafle elle l'avait poussé avec autorité vers une amie non juive en lui disant « nous nous retrouverons plus tard, je ne suis plus ta mère, va avec elle ». Cette femme l'avait emmené à l'O.S.E. de Chambéry et là, Miron Zlatin était venu le chercher et l'avait tiré jusqu'à Izieu dans une petite remorque accrochée derrière sa bicyclette. Samuel était ainsi arrivé sans bagage, sans son beau manteau rouge tout neuf qu'il n'avait pas eu le temps d'emporter et dont il parle aujourd'hui encore avec regret.

Comment ces enfants pourchassés par l'ennemi, traumatisés par une succession d'arrachements, s'adaptaient-ils à leur nouvelle vie ? Encore une fois quarante-quatre d'entre eux gardent leur secret. Il faut lire leurs lettres, écouter les survivants.

Paul Niederman, par exemple, très grand pour ses seize ans, risquait d'être repéré par le S.T.O.[25] Alors les Zlatin le firent passer en Suisse. Paul peut ainsi raconter aujourd'hui ses mois passés à Izieu, son bonheur de retrouver là Marcelle Aizenberg et Léon Reifman, les deux éducateurs avec qui il s'était lié d'amitié à Palavas. Avec Théo, ils avaient défriché l'enclos derrière la maison pour en faire un potager.

Izieu lui est apparu comme un premier havre de paix. Après l'humiliation des camps dont il répugne à parler aujourd'hui encore, après Palavas où il pleurait ses parents des nuits entières, après le déchirement de voir partir son petit frère Arnold emmené – et sauvé – par les Quakers[26] aux Etats-Unis, à Izieu, Paul reprit son souffle.

Là, jusqu'à la capitulation italienne de l'automne 1943, pas d'Allemands, pas de Gestapo. « On se croyait tranquille », et il parle du bel été passé avec Paulette Paillarès, l'adorable lycéenne venue comme monitrice. « Tous les grands étaient amoureux d'elle. Paulette avait un faible pour Théo mais elle nous aimait tous. Nous passions nos soirées sur la terrasse, appuyés à la rambarde de fer forgé, nous chantions, nous discutions sans fin. Nous faisions des projets. J'avais même fixé un rendez-vous avec Théo : le premier dimanche de mai après la guerre sous l'Arc de triomphe ! »

Il faut insister pour que Paul confie aussi les cauchemars qui le réveillaient la nuit, l'atmosphère alourdie de toutes les questions que personne n'osait poser, la tristesse des petits qu'il côtoyait sans vraiment les connaître. Non, personne n'avait le cœur à faire des farces ou des bêtises. Mais Paul ne s'attarde pas. Il préfère évoquer les baignades dans le Rhône tout proche, la grande table des voisins Perticoz qui les invitaient à partager leurs repas pendant les foins.

Pour Paul comme pour les autres jeunes citadins, Izieu fut l'occasion de découvrir la vie des champs. Claude Raisz, rescapé comme Paul, se souvient de sa fierté quand il a vendangé la vigne des Perticoz. Petit Parisien de quatorze ans, il n'avait jamais vu les animaux de la ferme. Il adorait aller ramasser les pommes, les noix ou les champignons, cueillir les cerises et parfois même courir des heures dans les champs avec les copains sans prévenir personne.

DEBOUT À L'ARRIÈRE PLAN, DE GAUCHE À DROITE : MARCEL ET PAULA MERMELSTEIN, THÉO REIS, PAULETTE PAILLARÈS, ARNOLD HIRSCH, MARCELLE AIZENBERG, NINA ARONOWICZ – ASSIS DEVANT : SAMI ADELSHEIMER, LIANE ET RENATE KROCHMAL.

Aimé, le fils unique des Perticoz, et Julien Favet, l'ouvrier agricole, étaient à peine plus âgés que les enfants. Aimé faisait partie du maquis de l'Ain[27], Julien se cachait sous une fausse identité pour échapper au S.T.O. Tous les deux très patriotes, ils avaient adopté les petits colons et ils aimaient les associer à leur vie. Les survivants se souviennent encore des tartines au fromage et des gâteaux dont ils étaient récompensés quand ils avaient bien travaillé.

A Izieu les enfants mangeaient à leur faim. Miron sillonnait le pays avec sa remorque accrochée à son vélo et allait de ferme en ferme acheter ce qu'il fallait pour nourrir sa nombreuse marmaille. Pierre-Marcel Wiltzer, le sous-préfet de Belley, avait obtenu pour eux une vingtaine de cartes d'alimentation[28]. L'U.G.I.F.[29] envoyait de l'argent mais les denrées étaient rares et les enfants trop nombreux. Miron pédalait comme un fou, infatigable, par tous les temps. Les cultivateurs qui l'ont connu se souviennent de son courage et de son dévouement. A Brégnier-Cordon, le bourg le plus proche, il achetait le cacao, les barres de chocolat pour le goûter et les bonbons à la confiserie Billermaz. Là, le patron lui donnait souvent le double de la valeur de ses tickets. Le boucher était généreux aussi. Seul un villageois accueillit fort mal Sabina Zlatin le jour de leur arrivée quand, ne connaissant personne, elle avait frappé à sa porte. Elle lui avait montré la lettre du sous-préfet et lui avait demandé de lui vendre des pommes de terre. Il refusa sèchement et lui proposa un kilo de farine. « Nous n'avons pas besoin d'aumône », lui répondit la douce Sabina... Et ils se sont débrouillés sans ses patates.

Plutôt bien si l'on lit les lettres que les enfants écrivaient à leurs parents. Elles parlent du cacao au petit déjeuner, de la confiture au goûter, du boudin aux pommes pour un anniversaire, et Jacques Benguigui rassure ses grands-parents : «Il faut pas vous faire de movessan car j'ai grossi en un mois de trois kilos.»

A Izieu, les enfants reprennent des forces. Après la famine dans les camps d'internement, après les privations de toutes sortes, il sont enfin nourris. Et pourtant, ils ont du mal à oublier la faim : ils ont tellement peur de manquer qu' il faut les supplier de ne pas emporter des provisions dans leur chambre, de ne pas les cacher sous leur lit.

Mais à Izieu les denrées étaient moins rares que dans d'autres régions et le potager, cultivé par Théo et Paul, améliorait l'ordinaire. Léa Feldblum, l'éducatrice des petits, ne manquait pas une occasion de préparer gâteaux, tartes et crêpes. Tendre et maternelle, elle multipliait les douceurs qui consolent et rassurent. Pourtant, à partir de l'automne 1943, la tâche de Miron devint de plus en plus écrasante. Les tickets d'alimentation étaient en nombre insuffisant, l'U.G.I.F. ne pouvait plus envoyer de mandats et la situation, presque intenable, exigeait des prodiges quotidiens.

Nourrir, rassurer, jouer, chanter, câliner, fêter les anniversaires, raconter des histoires le soir : il fallait faire de cet exil une vie presque normale. Et pour cela, assurer la scolarité des enfants.

A la rentrée de 1943, l'inspecteur d'académie nomma une institutrice et, en octobre, la toute jeune et très timide Gabrielle Perrier affrontait à Izieu sa première classe.

Aujourd'hui, elle se souvient bien de ces élèves d'âges très différents au fort accent étranger.

Elle fut d'emblée frappée par leur maturité et comprit rapidement qu'elle aurait du mal à les impressionner. « Dans ma naïveté, je leur ai

Théo Reis, Paulette Paillarès et Arnold Hirsch.

À L'INTÉRIEUR DU PUPITRE,
ON PEUT VOIR L'EMPLOI DU TEMPS
D'UN ENFANT BARRÉ D'UN GRAND M...

raconté la vie de Jeanne d'Arc. Je ne sais plus si j'ai parlé des voix, en tout cas, ils n'ont pas marché. Je pensais les émerveiller mais ils ont trouvé cette histoire complètement invraisemblable... »

Les petits réfugiés de l'Hérault n'étaient pas des élèves exactement comme les autres. Quand, désireuse de mieux les connaître, Gabrielle Perrier leur a posé des questions plus personnelles, les visages se sont fermés, quelques réponses inintelligibles ont été bredouillées. La jeune institutrice n'a pas insisté.

Leur sens de la solidarité l'a également frappée. Jamais de mouchardage dans cette classe. A ses yeux les enfants ne semblaient pas tristes. Elle raconte leurs jeux pendant les récréations, dehors près de la fontaine. Elle ne se souvient pas de chagrins ou de crises de larmes, peut-être a-t-elle seulement remarqué, à la lumière de ce qu'elle sait aujourd'hui, que certains grands, tels Maurice Gerenstein et Marcel Bulka, étaient des adolescents particulièrement graves.

Son principal souci était alors de préparer certains au certificat d'études, d'autres à l'examen d'entrée en sixième. Quand elle était débordée, Léa Feldblum prenait les petits et leur apprenait à lire.

Comme toutes les maîtresses, Gabrielle Perrier avait d'excellents élèves – Alice Lutzgart, Mina Halaunbrenner, Liane Gerenstein –, et des têtes dures comme Jacques Benguigui qu'elle avait puni un jour et qui, furieux, lui avait lancé : «Je l'écrirai à mon père, je vais te montrer ma lettre !» Léa Feldblum, à qui elle parlait souvent de ses élèves, lui dit : «Son père ne risque pas de la lire sa lettre...» Elle avait aussi son chouchou bien sûr : Raoul Bentitou, douze ans, qui «chantait si bien», écrivait des rédactions pleines de spontanéité sur sa vie en Algérie avant la guerre et lui faisait ses confidences : «Si vous saviez ce que les Allemands nous ont fait !»

Dans sa boîte à souvenirs, l'institutrice aujourd'hui retraitée garde précieusement le beau sifflet chromé que lui a donné un jour son cher Raoul. A la fin des récréations à Izieu, elle frappait dans ses mains, appelait ses élèves, mais la cour était grande et elle avait du mal à tous les rassembler. Un jour, Raoul lui avait tendu ce sifflet en lui disant : «Ce sera plus commode.»

Revenue à Izieu quelques jours après la rafle, elle l'a retrouvé dans la poche de sa blouse accrochée à l'espagnolette de la fenêtre. Depuis, le sifflet l'a suivie pendant toute sa carrière où, si souvent, quand elle regardait une de ses classes s'égailler en récréation, elle était saisie d'angoisse : ces enfants, si semblables à ceux d'Izieu, pouvaient-ils aussi disparaître du jour au lendemain ?

A Izieu, Gabrielle Perrier avait vingt ans. Comment la jeune fille sage qui pour la première fois de sa vie quittait sa famille, à vingt kilomètres de là, aurait-elle pu imaginer l'inimaginable ? Elle avait loué une chambre dans le village et chaque matin elle arrivait en bicyclette, sans la moindre appréhension. « Puisque l'inspecteur d'académie m'avait envoyée là, tout était en ordre. Comment penser qu'on pouvait arrêter des enfants ? Une seule fois, à la fin du premier trimestre, Mme Zlatin, habituellement si calme, m'avait confié : "Nous sommes menacés"... Je n'avais pas compris ce que cachait cette remarque. »

Sabina Zlatin, elle, savait. Les éducateurs, de plus en plus informés, étaient inquiets eux aussi. Certains de leurs proches étaient déjà déportés et l'espoir de les voir revenir était infime. A Palavas ou dans d'autres maisons d'enfants, ils avaient appris à être sur le qui-vive, prêts à partir à la moindre alerte. Les armées du Troisième Reich reculaient partout et les nazis, sentant la victoire leur échapper, devenaient encore plus cruels.

Comment les enfants percevaient-ils le danger et l'inquiétude des adultes ? Que savaient-ils ? « Plus ils étaient petits, plus ils étaient malheureux », raconte Dora Leidervarger qui a connu à Palavas beaucoup des enfants d'Izieu. « Quand ils sortaient des camps français ils régressaient, ils étaient énurétiques, amorphes. Et plus ils étaient tristes, moins ils se plaignaient.» Elle se souvient de son amie Marcelle Aizenberg, aujourd'hui installée en Israël, qui était alors éducatrice comme elle et qui avait un mal fou à faire jouer les plus jeunes. «Mais secouez-vous un peu !» suppliait Marcelle qui avait grand-peine à les entraîner dans une ronde, une chanson, une partie de cache-cache.

«On essayait de les occuper pour qu'ils oublient», dit aujourd'hui encore Sabina Zlatin, et le docteur Léon Reifman, maintenant retraité à Périgueux, emploie les mêmes mots : «De temps en temps ils oubliaient...»

Sans doute. Car dans leur malheur les enfants d'Izieu ont eu la chance d'être entourés par des éducateurs hors du commun. Léa Feldblum s'occupait surtout des petits. A la cuisine elle raccommodait et ravaudait leurs misérables habits, toujours prête à consoler, à câliner. Au goûter c'est elle qui distribuait les barres de chocolat, heureuse de pouvoir les gâter un peu. Elle adorait le petit Emile Zuckberger qui n'avait que cinq ans et qu'elle voulait adopter après la guerre. Elle ne le quittera que sur le quai d'Auschwitz quand le docteur Mengele[30] lui-même le lui arrachera des bras. Un jour Emile lui avait dit : «Je veux tuer tous les gendarmes.» «Pourquoi ?» lui avait demandé Léa. «Parce qu'ils ont pris mon papa», avait-il répondu.

Marcelle Aizenberg, elle, n'avait pas vingt ans. Haute comme trois pommes, elle possédait un charisme extraordinaire auprès des enfants. Elle était gaie, aimait chanter, n'imposait jamais rien mais parlementait longuement avec son jeune public jusqu'à ce qu'il soit d'accord. Elle avait un faible pour Albert Bulka, cinq ans, dit « Coco », qui le lui rendait bien. Dès qu'elle s'éloignait, il fondait en larmes. Quand Mme Bulka avait été raflée à Palavas pendant l'été 1942, elle avait passé Coco à Marcelle par la fenêtre du car qui l'emmenait au camp de Rivesaltes.

MARCELLE AIZENBERG ET PAUL NIEDERMAN, RESCAPÉS TOUS LES DEUX.

Léa, Marcelle, Léon Reifman et aussi sa sœur, le docteur Suzanne Reifman, qui soignait et dorlotait les petits malades, étaient les piliers de la maison. Paulette Paillarès était venue aider pendant l'été. Elle était l'amie des grands mais aussi des petits qu'elle accompagnait chaque soir dans leur chambre pour leur raconter des histoires. Un ou deux contes suffisaient à endormir les petites filles mais les garçons étaient plus exigeants. Paulette devait s'asseoir au bord de chaque lit, bavarder avec chacun. Elle finissait sa ronde auprès d'Emile qui mettait souvent des heures à trouver le sommeil.

MAX TETELBAUM, 11 ANS, NÉ EN BELGIQUE DESSINE SON VILLAGE IMAGINAIRE.
À DROITE : L'ÉCOLE, L'AUBERGE, LA GARE, LE TRAIN, ET UNE USINE AVEC SAFUMÉE NOIRE, L'UNIVERS D'UN ENFANT QUI N'A PAS SIGNÉ.

Quand les monitrices étaient débordées, les grands venaient à leur secours. Théo, qui avait un bon coup de crayon, avait fabriqué une bande dessinée qu'il déroulait devant les yeux émerveillés des plus jeunes. Le soir, dans le dortoir des garçons, il leur apprenait des chansons de matelots ou leur lisait des romans d'aventures.

Oui, tout était fait pour adoucir le sort des enfants exilés. Les anniversaires étaient célébrés avec des gâteaux, des lettres, des petits cadeaux.

DJURY W DACHU
THE STAMPS
PENZANCE
CORNISH RIVIERA
PADDINGTON
COAL
CROWN INN
PRINCE OF
BIJĄCE SIĘ
LUJE
PINDKA.
GRUBASKA.
SCHOOL
PHEW!

Sauf la petite fermière (en-bas à droite) tous les dessins sont de Max Tetelbaum (11 ans) Ses pirates, ses bêtes féroces et ses batailles d'indiens reflètent un univers de violence et de peur.

DEVANT LA FONTAINE, DE GAUCHE À DROITE : THÉO REIS, ARNOLD HIRSCH,
LA MÈRE DE PHILIPPE DÉHAN, LE JEUNE CUISINIER D'IZIEU,
PHILIPPE DÉHAN ET RAOUL -BAROUK BENTITOU.
À DROITE : LE VILLAGE D'IZIEU AUJOURD'HUI. A FLANC
DE COLLINE, LA MAISON DES ENFANTS ET LA FERME DES PERTICOZ.

Pour le mardi gras, les enfants se déguisaient. A Noël, ils avaient décoré la maison et joué une pièce dans la salle à manger transformée en théâtre. Le sous-préfet était venu en grand uniforme. Les adultes essayaient de rassurer et de distraire, les enfants se soutenaient entre eux. Claude Raisz se souvient comme il était attendri par Mina et Claudine Halaunbrenner. Lui qui regrettait être fils unique, il était devenu leur grand frère. Il les protégeait et veillait à ce que personne ne prenne leur barre de chocolat au goûter.

Entourés d'affection, il semble que la plupart des enfants aient retrouvé, par moments, les joies et les soucis de leur âge. Quand il était en forme, Georges Halpern, dix ans, se taillait un franc succès en chantant l'*Hymne à la joie* de bout en bout. Claude Raisz avait sauté de fierté le jour où il avait décroché son certificat d'études. Samuel Pintel parle des merveilleuses glissades sur les prés pentus, assis sur des grands cartons. Adolphe Waysenson rougit encore en racontant la « honte de sa vie », quand, en classe, après avoir fourragé dans son cartable il a relevé la tête et s'est retrouvé sous les jupes de la maîtresse !

L'arrivée du facteur était le grand moment. Léon Reifman distribuait le courrier. « Je faisais partie des privilégiés : je recevais des lettres, je savais que mes parents étaient vivants, se souvient aujourd'hui Claude Raisz. Mes amis me disaient : "Lis-nous ta lettre, lis-nous."

EN HAUT, AU CENTRE : HENRY ALEXANDER (SURVIVANT) À DROITE : MAJER-MARCEL BULKA. AU MILIEU DE GAUCHE À DROITE : ALEC BERGMAN (SURVIVANT), OTTO WERTHEIMER ET SIGMUND SPRINGER.

Samedi le 26 février 1944

Très chère maman.

j'ai bien reçu ta lettre datée du 18 qui m'á fait grand plaisir.

J'espère que tu as bien reçue ma lettre que je t'ai envoyée il y a quelques jours, à la Tagnière.

Je suis en bonne santé et j'éspère qu'il en est de même pour toi ainsi que pour Monsieur et Madame Barbier.

Je te remercie d'avoir cherché pour moi des sabots et j'aurai bien ~~chaut~~ chaud n'est ce pas maman.

Ici la neige fond, et le soleil se fait voir, nous voyons bien que le printemps va bientôt venir, quelle chance c'est si joli le printemps avec ses arbres ~~t~~ en fleurs, aussi ses bourgeons.

Je pense que tu as ~~la~~ reçu la lettre dans laquelle je te demande de prendre des photos de là-bas car je ne me rappelle plus comment est le pays, mais il ne faut pas oublier que j'étais bien petite lorsque j'y étais.

Comme ~~j'y~~ tu me l'ás dit je donne un grand bonjour à Madame Bourresse.

Je serai très contente un jour de lui écrire une petite lettre, je suis persuadée que cela lui ferait plaisir n'est ce pas ma chère petite maman, ainsi que tante Henriette.

Je vais recevoir un colis de Fanny avec la jupe à carreaux bleus.

Comme je ne vois plus rien à te dire je te quitte en t'embrassant de toutes mes forces. Bien le bonjour à Monsieur et Madame Barbier.

Ta petite fille qui pense à toi.

Jacqueline

LETTRE D'ALICE-JACQUELINE LUZGART (10 ANS) À SA MÈRE, UN MOIS ET DEMI AVANT LA RAFLE.

L'ARRIVÉE DU FACTEUR ÉTAIT LE GRAND MOMENT. À GAUCHE, MIRON ZLATIN, À DROITE, LÉON REIFMAN.

Samedi 1° Avril 1944

Ma très chère sœur

J'ai bien reçu ta lettre datée du 28 qui m'a fait grand plaisir.

As-tu reçu ma lettre dans laquelle je te demande plusieurs bâtons de sucre-d'orge et quelques boîtes de cachous.

J'espère que tu l'as reçu et fais tout ton possible pour m'avoir ce que je te demande aussi les papiers à lettres les enveloppes et les dix timbres.

Tu sais qu'aujourd'hui c'est le jour du premier avril et c'est aussi le jour du poisson d'avril où l'on accroches des poissons dans le dos, ce matin ~~om~~ on m'en a accroché 2 à la fois mais je m'en suis aperçus.

J'ai choisi ~~contaple~~ comptable mais tu sais ma compagne de classe a choisi

Alors nous nous asseyions à trois ou quatre en rond par terre et je lisais à haute voix. Nous partagions tout. Les petits qui ne recevaient jamais de lettres ne savaient pas que leurs parents étaient morts mais ils s'inquiétaient. Où étaient-ils ? Connaissaient-ils leur adresse à Izieu ? Comment les retrouveraient-ils après la guerre ? »

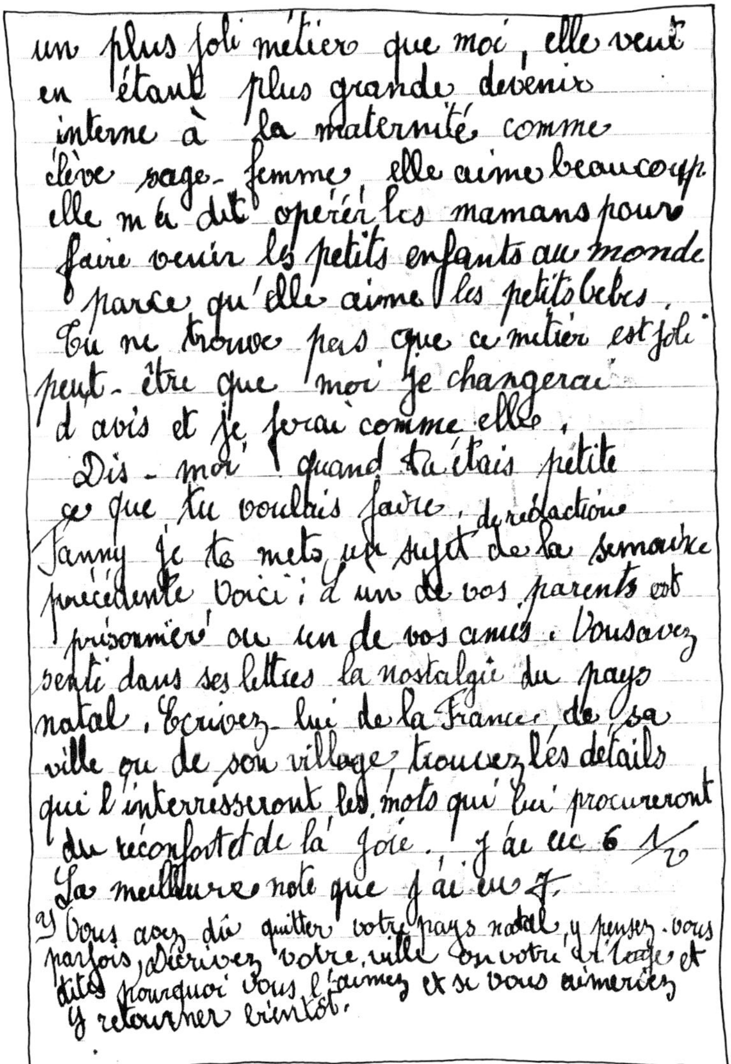
un plus joli métier que moi, elle veut
en étant plus grande devenir
interne à la maternité comme
élève sage-femme elle aime beaucoup
elle m'a dit opérer les mamans pour
faire venir les petits enfants au monde
parce qu'elle aime les petits bebes.
Tu ne trouve pas que ce métier est joli
peut-être que moi je changerai
d'avis et je ferai comme elle.
Dis-moi quand tu étais petite
ce que tu voulais faire.
Fanny je te mets un sujet de rédaction de la semaine
précédente Voici : d'un de vos parents est
prisonnier ou un de vos amis. Vous avez
senti dans ses lettres la nostalgie du pays
natal. Ecrivez-lui de la France, de sa
ville ou de son village, trouvez les détails
qui l'interresseront les mots qui lui procureront
du réconfort et de la joie. J'ai eu 6 1/2
La meilleure note que j'ai eu 7.
2) Vous avez dû quitter votre pays natal, y pensez-vous
parfois, décrivez votre ville ou votre village et
dites pourquoi vous l'aimez et si vous aimeriez
y retourner bientôt.

«Les grands ne se faisaient aucune illusion sur le sort de leurs parents et n'en parlaient jamais. Les petits vivaient dans l'ignorance. Ils espéraient.» Voilà ce que disent les survivants, qu'ils aient été moniteurs ou enfants à Izieu. Etait-ce si simple ? On aimerait le croire. Hélène Waysenson, qui avait sept ans à Izieu, se rappelle aujourd'hui ses sentiments d'alors : «La guerre était un mauvais moment à passer, après, on retrouverait notre famille.» Ses compagnons du même âge partageaient-ils son optimisme ? Sans doute. Sinon, quand Paulette Paillarès les photographiait, pourquoi lui auraient-ils réclamé les photos «pour envoyer à nos parents» ?

L'espoir était coriace dans la tête de ces dix-douze ans. Que souhaitaient Mina, Senta, Martha, Esther, Liliane et Alice à leur amie Sarah le jour de ses onze ans, en février 1944 à Izieu ? Chacune de leurs six courtes lettres, rédigées d'une écriture appliquée, se terminait avec le même vœu : «Qu'à ton prochain anniversaire tu retrouves ta famille.»

En robe blanche,
Paulette Paillarès.

Et Liliane Gerenstein, onze ans, ne demandait rien d'autre dans cette lettre pathétique qu'elle écrit à Dieu quelques jours avant la rafle. Après quelques lignes de remerciements où la petite fille semble soucieuse de se montrer reconnaissante, de se ménager les bonnes grâces de ce dieu tout-puissant… «que vous êtes bon, que vous êtes gentil, grâce à vous j'ai eu une belle vie avant», elle en arrivait à l'essentiel : «Faites revenir mes parents, protégez-les que je les revoie le plus vite possible.» Et elle insistait : «Faites-les revenir encore une fois.»

Les enfants d'Izieu ont joué et chanté avec leurs monitrices, ils ont appris l'orthographe et le calcul avec leur maîtresse, ils ont dessiné, écrit des lettres à leurs parents, se sont régalés de bols de chocolat chaud mais, mais… «on sentait bien qu'ils n'étaient pas là pour leur plaisir». C'est l'impression – ineffaçable et difficile à préciser – qu'ils ont laissée au sous-préfet Wiltzer quand il les a vus ce soir de Noël où leurs monitrices avaient pourtant tout fait pour que la fête soit belle.

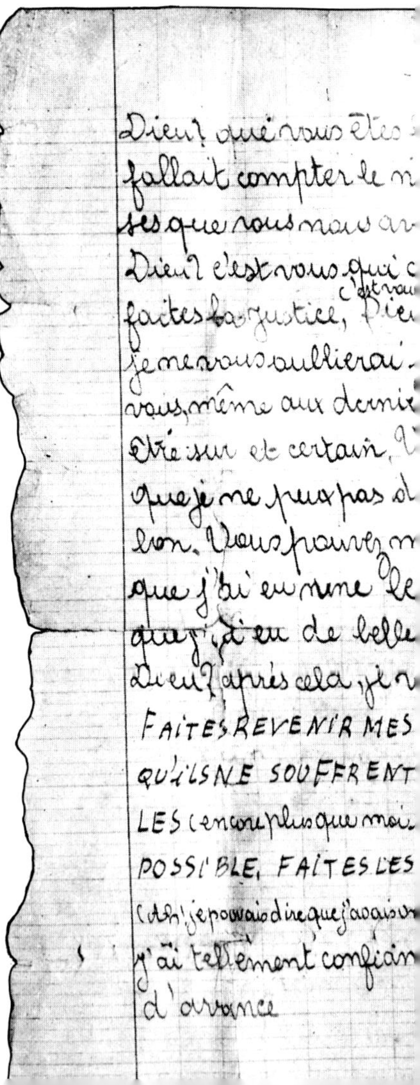
Dieu! que vous êtes
fallait compter le n
ses que vous nous av
Dieu! c'est vous qui c c'est vous
faites la justice, Dieu
je ne vous oublierai
vous, même aux derniè
Être sûr et certain,
que je ne peux pas d
bon. Vous pouvez m
que j'ai eu une le
que j'ai eu de belle
Dieu! après cela, je n
FAITES REVENIR MES
QU'ILS NE SOUFFRENT
LES (encore plus que moi
POSSIBLE. FAITES LES
(Ah! je pouvais dire que j'avais u
j'ai tellement confian
d'avance

Non, ils n'étaient pas là pour leur plaisir mais ils jouaient le jeu avec des moments de bonheur et d'angoisse, avec le même courage sans doute qu'Hélène Waysenson qui les a quittés deux mois avant la rafle et qui se souvient : «Je supportais tout, je voulais survivre.»

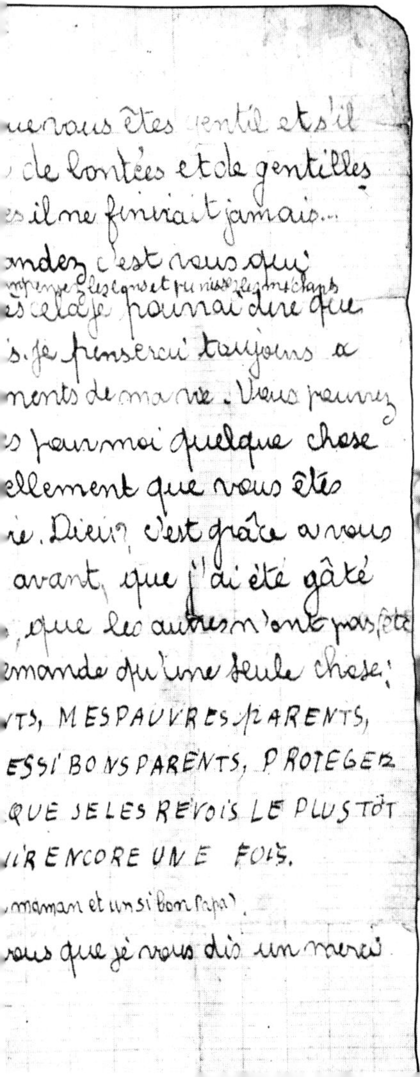
ue vous êtes gentil et s'il
de bontées et de gentilles
s il ne finirait jamais...
ndez c'est vous qui
mpensez les bons et punissez les méchants
s cela je pourrai dire que
s. Je penserai toujours a
ments de ma vie. Vous pouvez
s pour moi quelque chose
ellement que vous êtes
ie. Dieu, c'est grâce a vous
avant, que j'ai été gâté
, que les autres n'ont pas été
mande qu'une seule chose :
TS, MES PAUVRES PARENTS,
ESSI BONS PARENTS, PROTEGEZ
QUE JE LES REVOIS LE PLUS TÔT
IR ENCORE UNE FOIS.
maman et un si bon papa)
ous que je vous dis un merci

La lettre à Dieu de Liliane Gerenstein.

Au milieu : Théo Reis. Derrière lui, Henry Alexander qui vit aujourd'hui à New York.

Chapitre V

Le piège

Les Italiens ont capitulé en septembre 1943 et, depuis, les Allemands contrôlent la région. La tension monte. Les opérations contre les maquisards et contre les Juifs sont de plus en plus fréquentes. Les Allemands savent que le temps joue désormais contre eux. Dans cette course contre la montre, ils accélèrent encore l'extermination des Juifs et les trains de déportés ont souvent la priorité sur le transport des armes destinées à l'armée allemande.

La maison d'Izieu est isolée, loin des grands centres de la Gestapo et protégée par la sous-préfecture de Belley. Sauvegarde supplémentaire, elle abrite officiellement des réfugiés de l'Hérault et non des enfants juifs. Et pourtant les Zlatin comme les éducateurs sentent la menace se rapprocher. Sabina Zlatin s'efforce activement de disperser les enfants. Elle multiplie les voyages à Lyon et à Montpellier où elle a noué depuis des années des relations sûres. A Lyon, elle rencontre souvent le père Chaillet, le fondateur de *Témoignage chrétien*[31], qui l'aide toujours à placer ses protégés dans les collèges religieux de la région. Il l'a même présentée un jour au cardinal Gerlier, archevêque de Lyon, qui lui a donné des adresses de communautés religieuses prêtes à recueillir des enfants. A Montpellier, elle fait appel au père

Prévost, grand résistant lui aussi, qui accueille des garçons d'Izieu dans son institution Saint-François-de-Régis, et ouvre les portes des couvents amis pour les filles.

Depuis janvier 1944 le nombre des pensionnaires d'Izieu n'a cessé de diminuer. Le temps presse. Chacun le sent, le sait. Au début de l'année, un médecin juif de Brégnier-Cordon, le bourg voisin, est arrêté. A Izieu c'est l'alerte. Et l'angoisse. Un couple d'éducateurs s'enfuit le soir même sans faire d'adieux. Les grands sont impressionnés par ce départ précipité même si les adultes tentent de les rassurer. Le 3 avril, Sabina Zlatin retourne à Montpellier chercher du secours auprès de l'abbé Prévost. Comme chaque fois, il répond à son appel : à la rentrée des vacances de Pâques, il prendra une quinzaine de garçons à Saint-François-de-Régis. Le 6 avril, son plan de dispersion bien avancé, Sabina Zlatin reçoit de la sous-préfecture de Belley un télégramme : « Famille malade, maladie contagieuse. » Il est écrit par Marie-Antoinette Cojean, secrétaire à la sous-préfecture et fidèle amie de la colonie.

Immédiatement Sabina comprend. Ce que tous redoutaient en secret est arrivé. Sa première réaction : agir. Se battre, essayer d'éviter le pire. Le jour même, cette intrépide prend le premier train pour Vichy. Là, toujours en uniforme d'infirmière de la Croix-Rouge, elle se précipite à l'Hôtel du Parc où siège le gouvernement. Une secrétaire la dirige vers un haut fonctionnaire à qui elle explique le drame qui vient de se dérouler à Izieu. « Pouvez-vous faire quelque chose pour ces enfants ? » lui demande-t-elle. La réponse arrive sous forme de question :

Théo Reis, l'été 43 à Izieu.
Tous les survivants se souviennent
de son humour, de sa gaieté,
de son charisme.

« Pourquoi vous occupez-vous de ces sales youpins ? » Sabina Zlatin persiste. Elle veut savoir où les enfants ont été emmenés. « Allez voir Darnand[32] », lui conseille alors le fonctionnaire vichyssois. Et Sabina Zlatin est reçue par l'adjoint du chef de la Milice[33]. Une nouvelle fois l'antisémitisme de Vichy la frappe en plein visage : « Je ne peux rien pour vous. Si vous insistez, je vous arrête. »

Elle n'insiste pas mais saute dans le train pour Paris. Là elle s'adresse à la directrice de la Croix-Rouge. Celle-ci l'informe que les enfants sont certainement au camp de Drancy[34] et lui conseille

d'avertir le professeur Abrami, chef de service à l'hôpital Broca, qui fait ce qu'il peut pour aider les internés. Le professeur Abrami assure à Sabina Zlatin que les enfants resteront sans doute une quinzaine de jours au camp de Drancy avant d'être déportés. Le temps d'entreprendre des démarches, d'en sauver quelques-uns peut-être. Dix-sept d'entre eux ont de faux noms et de fausses cartes d'identité. Sabina Zlatin espère encore. Mais le 13 avril la directrice de la Croix-Rouge lui apprend que les enfants ont été déportés en direction d'Auschwitz. La rapidité de ce départ la foudroie.

Les bourreaux étaient pressés. A Izieu les derniers témoins de la rafle se souviennent aussi de leur hâte. « Schnell, schnell ! » Julien Favet a encore leurs aboiements dans les oreilles. Quand il a vu la brutalité avec laquelle les Allemands jetaient les enfants dans les camions il a compris qu'il ne les reverrait jamais. Aujourd'hui, lorsqu'il évoque

JULIEN FAVET, SEUL TÉMOIN DE LA RAFLE, AUJOURD'HUI DANS SA MAISON D'IZIEU. IL NE PEUT ACHEVER SON RÉCIT SANS FONDRE EN LARMES.

la rafle, son menton se met à trembler quand il en arrive au moment où les frères Goldberg (douze et treize ans) l'appellent du camion : «Julien, aide-nous !» Que pouvait-il faire avec ces hommes armés autour de lui ? Henri et Joseph Goldberg étaient deux gavroches parisiens qui avaient découvert avec passion la vie des champs. Ils l'aidaient à garder les vaches, à semer ou à moissonner. Ce matin-là, avant la rafle, ils lui avaient crié d'une fenêtre : «On ne peut pas venir, on doit laver les dortoirs.» «S'ils étaient venus avec moi, ils seraient vivants»... répète encore Julien, inconsolable cinquante ans après.

Pendant des mois, chaque nuit, Julien fut réveillé par le même cauchemar : un enfant se tient devant lui ; il ne reconnaît pas son visage, il s'approche, l'enfant, d'abord immobile, semble attendre, puis disparaît.

Chapitre VI

Trahis par Lucien B. Raflés par Barbie

Le 6 avril au matin la colonie était au grand complet pour ce premier jour des vacances de Pâques. Léon Reifman était allé chercher Max Balsam et Maurice Gerenstein à la sortie du collège de Belley. Fritz Loebman, un adolescent d'Izieu qui travaillait depuis quelques semaines dans la ferme de Lucien B., était rentré à la colonie pour le week-end. Le coup de filet de Barbie sera fructueux. Et pour cause. Tout porte à croire que Barbie, ou l'un de ses hommes, a été «renseigné» par ce Lucien B., un agriculteur lorrain installé depuis 1942 à Brens, à quelques kilomètres d'Izieu.

Lucien B. était avec les Allemands sur la terrasse le matin du 6 avril. Eusèbe Perticoz, sa belle-fille Marie et Julien Favet l'ont vu arriver avec les Allemands et leur servir d'interprète pendant toute la durée de la rafle. Eusèbe Perticoz l'a dit dans sa déposition au tribunal de Lyon en 1947 quand Lucien B. a été inculpé d'intelligence avec l'ennemi.

Autres indices de sa culpabilité : deux jours après la rafle, Lucien B. bénéficiait des camions de l'armée allemande pour son déménagement en Lorraine et réintégrait comme par miracle sa ferme qui avait été réquisitionnée. Un peu plus tard, il devenait gardien au camp de Sarrebrück.

Le procès de Klaus Barbie à Lyon.

À droite : Diane Popovski.

Pour sa défense, Lucien B. expliqua que les Allemands l'avaient obligé à servir d'interprète le jour de la rafle. Faute de preuves suffisantes, il ne fut pas condamné pour crime de trahison mais seulement à dix ans d'indignité nationale.

Si la présence de Lucien B. à Izieu au matin de la rafle ne fait aucun doute, celle de Barbie est probable, mais pas certaine. Pendant l'instruction du procès Barbie en 1987, le docteur Léon Reifman a été confronté au criminel nazi. Il est intimement persuadé que le petit Allemand en civil qu'il a croisé dans l'escalier le matin du 6 avril avant de sauter par la fenêtre était bien Barbie.

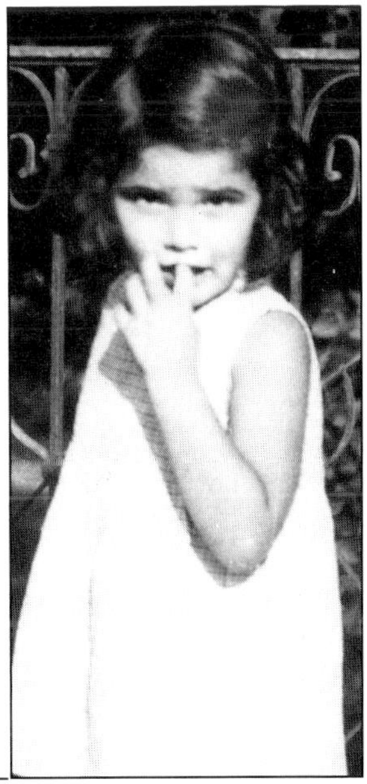

Ce souvenir est resté gravé dans sa mémoire comme une «plaque photographique» a-t-il dit au juge.

Julien Favet a lui aussi été confronté à Barbie pendant l'instruction. Il ne peut se tromper, affirme-t-il. Ces yeux bleus sont bien ceux qu'il a vus de si près en dévisageant l'officier S.S. sur la terrasse le jour de la rafle.

La présence physique de Barbie sur le lieu du crime est d'une importance secondaire. En revanche, il était capital pour le juger de savoir s'il était le responsable de la rafle.

KLAUS BARBIE À SON PROCÈS.

À DROITE : LYON 1987. MADAME ZLATIN AVANT SA DÉPOSITION AU TRIBUNAL.

Or la preuve de sa responsabilité existe : c'est le télex qu'il a envoyé le 6 avril à 20 h 10 au chef de la police de sûreté et des services de sécurité en France, à l'attention du Service des Affaires juives de la Gestapo. Voici ce télégramme :

Lyon N° 5. 269 6 avril 1944 20h10.
Au B. D. S. section Roem 4 B Paris.
Objet : Maison d'enfants juifs à Izieu. (Ain)

Ce matin, maison d'enfants juifs «colonie d'enfants» à Izieu (Ain) a été enlevée. 41 enfants[35] au total, âgés de 3 à 13 ans, ont été capturés. En outre a eu lieu l'arrestation de la totalité du personnel juif, soit dix individus, dont cinq femmes. On n'a pu s'assurer ni de l'argent comptant ni des valeurs diverses. Le transport à Drancy aura lieu le 7/4/44.

Le Commandant de la Sipo-SD*. à Lyon. Roem 4 B 61/43

Par ordre
Signé : BARBIE - S. S. Obersturmführer.

Ce télégramme a été présenté par la France avec quarante-six autres documents au tribunal de Nuremberg[36] en 1946 comme l'une des preuves des crimes commis par les nazis contre les Juifs en France. L'original a été perdu par le tribunal de Nuremberg mais deux photocopies existent : celle qui avait été faite par le Centre de documentation juive contemporaine et celle du tribunal de Nuremberg que maître Klarsfeld, avocat, a retrouvée à la Cour internationale de justice de La Haye. Maître Klarsfeld, qui eut un rôle déterminant dans l'arrestation et le jugement de Barbie, a fourni les preuves de l'authenticité de ces télégrammes.

Chapitre VII

La prison de Montluc à Lyon

Combien de temps les deux camions, réquisitionnés à une entreprise française de transports, conduits par des chauffeurs français, ont-ils roulé pour franchir les quatre-vingts kilomètres qui séparent Izieu de Lyon ? Combien d'heures les enfants sont-ils restés entassés sous ces bâches, prisonniers de ces brutes qui les emmenaient vers une destination qui ne pouvait être que terrifiante ? Que pouvaient-ils attendre d'autre de ces nazis qui avaient déjà enlevé tant de leurs parents, et qui venaient de les arracher à leur refuge ?

On ne sait rien de cette première étape vers la mort si ce n'est que les enfants et leurs moniteurs arrivèrent le soir même au fort Montluc à Lyon. Pour ceux qui l'ont connu, ce nom est à lui seul synonyme de terreur. C'est dans cette prison occupée par la Gestapo que des milliers de Juifs et de partisans ont été torturés et mis à mort. Quant à la sinistre « baraque aux Juifs » de Montluc, elle était, comme Drancy, une antichambre d'Auschwitz. Toutes les deux ou trois semaines, plusieurs centaines de Juifs étaient rassemblés dans la cour pour être embarqués dans les trains de la mort.

Les enfants d'Izieu ont-ils dormi dans cette baraque, cette longue bâtisse de planches brunes aux châlits branlants et surpeuplés, empuantie par l'odeur des tinettes, envahie par les punaises, où cent cinquante à deux cents détenus vivaient dans l'angoisse permanente de la déportation, de la torture et de l'exécution ? Sans doute.

Le 6 avril au soir, tous les enfants, même les plus jeunes, furent questionnés. Qu'ont-ils dit ? Qu'ont-ils tu ? De leurs vrais noms ? De l'adresse de leurs familles ?

On sait seulement que deux ou trois parents des enfants d'Izieu furent arrêtés peu après la rafle. Leurs adresses ont-elles été trouvées à Izieu ; quatre ou cinq soldats étant restés sur place, fouillant tout, dévorant les provisions, faisant des cartons sur les photos des enfants ? Ou bien des aveux ont-ils été arrachés à des enfants terrifiés ? Seuls les criminels pourraient répondre.

Le 7 avril au petit matin, la colonie d'Izieu a été appelée et rassemblée dans la cour de Montluc. Les grands et les moniteurs

À Lyon, la prison
de Montluc aujourd'hui.

avaient des menottes aux poignets et tous ont été embarqués sous escorte dans des camions jusqu'à la gare de Perrache où ils furent transférés dans des wagons de voyageurs. Destination Drancy.

Chapitre VIII

Drancy

Le 7 avril au soir, ils arrivent à Drancy. Trente-quatre enfants et cinq adultes (Léa Feldblum, le docteur Suzanne Reifman, ses parents et Lucie Feiger) seront déportés à Auschwitz dès le 13 avril dans le convoi 71.

Miron Zlatin, Théo Reis et Arnold Hirsch partiront le 15 mai dans le convoi 73. Ils seront dirigés vers la Lituanie puis l'Estonie, à Reval (aujourd'hui Tallin). Là, ils travailleront dans une minoterie et, le 31 juillet, à l'approche des Russes, les Allemands les enverront couper du bois dans une forêt. Ils y seront fusillés.

Paula et Marcel Mermelstein (sept et dix ans) retrouvèrent à Drancy leur mère, Frieda. Arrêtée à Pau, juste après la rafle, Frieda sera déportée à Auschwitz avec ses deux enfants le 20 mai dans le convoi 74.

Hans Ament (dix ans), Alice-Jacqueline Luzgart (dix ans), et Charles Weltner (neuf ans) feront le voyage vers Auschwitz dans la plus affreuse solitude, sans le secours d'aucun de leurs moniteurs, le 30 mai, dans le convoi 75.

Enfin, le 30 juin 1944, Mina et Claudine Halaunbrenner (huit et cinq ans), Lucienne Friedler (cinq ans) et sa mère, Mina, qui était éducatrice à Izieu, partent pour Auschwitz dans le convoi 76.

Trente-quatre enfants d'Izieu seront donc restés six jours à Drancy et les dix autres entre cinq et onze semaines. Parmi les traces de leur passage au camp d'internement, demeurent le bref témoignage de Léa Feldblum au procès Barbie, et deux lettres.

Quand les trente-quatre premiers enfants ainsi que la monitrice Lucie Feiger, Suzanne Reifman et ses parents ont été appelés pour partir avec le convoi du 13 avril, Léa Feldblum a compris qu'elle était épargnée grâce à son faux nom : Marie-Louise Decoste.

Immédiatement elle est allée voir les S.S. pour donner sa véritable identité : «Je m'appelle Léa Feldblum, il faut m'emmener avec les enfants.» Et son nom fut ajouté à la liste du convoi.

Autre trace de ce séjour des enfants au camp d'internement : la lettre écrite par l'administration de Drancy pour demander à l'U.G.I.F. de Lyon de rechercher les parents de Mina et Claudine Halaunbrenner «sinon ces deux enfants risqueraient d'être *évacuées* seules». Alexandre Halaunbrenner, le frère aîné de Mina et de Claudine, garde précieusement ce document dans ses archives. Il en dit long sur la collaboration entre l'administration française et la Gestapo qui, depuis juillet 1943, dirigeait le camp de Drancy. Le fonctionnaire français qui a tapé avec application les huit lettres du mot é-v-a-c-u-é-e-s s'est-il demandé ce que ce mot signifiait ? Evacuées où ? Comment ? Pourquoi ? Etait-il indifférent, lâche, complice, servile ou dénué d'imagination ? Cette lettre demandait de rafler ce qui pouvait rester de la famille Halaunbrenner et de les *évacuer* vers une destination dont l'issue mortelle semblait de plus en plus probable.

À Brégnier-Cordon,
le monument à la mémoire
des enfants et de leurs éducateurs,
tous déportés à Auschwitz.

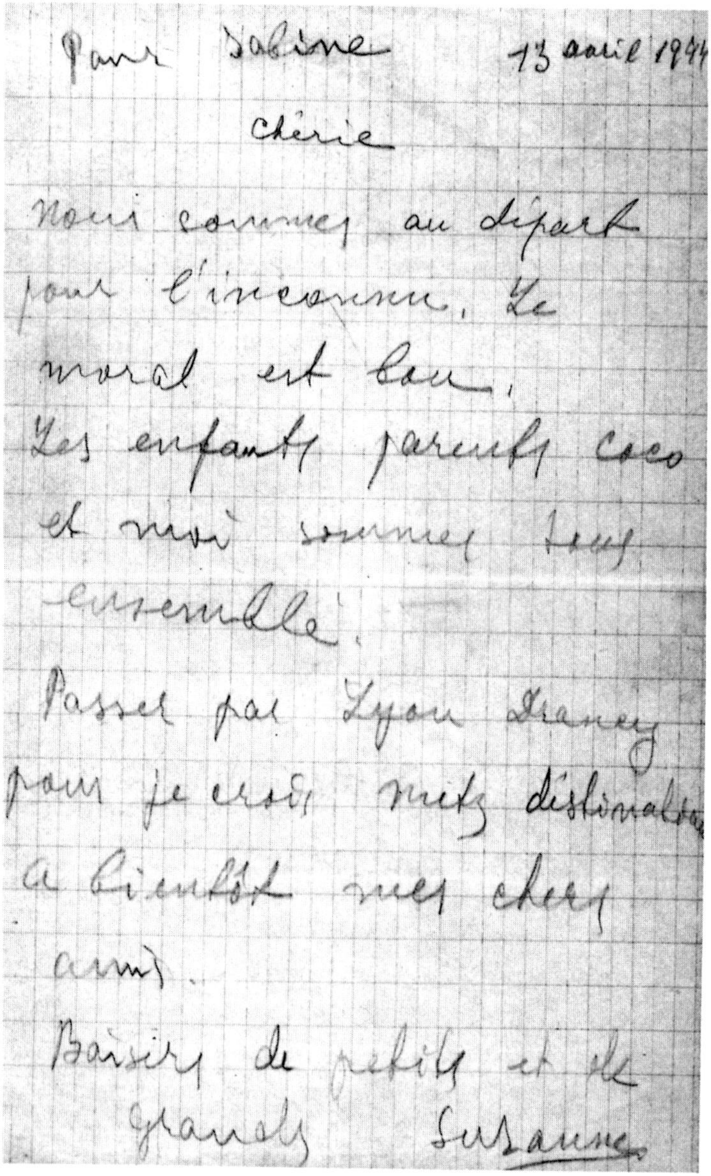
Pour Sabine 13 avril 1944

Chérie

Nous sommes au départ pour l'inconnu. Le moral est bon.
Les enfants parents Coco et moi sommes tous ensemble.

Passés par Lyon Drancy pour je crois metz destination

à bientôt mes chers amis.

Baisers de petits et de grands Suzanne

Dernière trace, bouleversante, de l'internement à Drancy des quarante-quatre petits pensionnaires d'Izieu, une lettre griffonnée au crayon par Suzanne Reifman le matin même du départ pour Auschwitz. Message adressé à Sabina Zlatin, écrit à la hâte – quatre ou cinq lignes d'une écriture tremblée – qui ne dit que l'essentiel : sa tendresse, son courage, tous deux infinis.

Tous ensemble, ils le sont restés jusqu'au départ du convoi du 13 avril et l'on peut imaginer la petite troupe serrée autour des moniteurs qui faisaient l'impossible pour adoucir la vie de « leurs » enfants. Sans doute ont-ils réussi à se regrouper dans la même chambrée où s'entassaient parfois jusqu'à soixante-quinze détenus.

Et ce fut à nouveau la faim, la promiscuité, les paillasses souillées, les punaises, la puanteur des seaux qui débordent, les soupes de choux dans de vieilles boîtes de conserve, les nuits déchirées par le cri des cauchemars et l'angoisse permanente d'être inscrit sur la liste du prochain convoi.

Les enfants ont-ils espéré sortir de Drancy comme ils étaient sortis de Gurs ou de Rivesaltes ? A Drancy, jeunes et vieux évoquaient avec terreur ce Pitchipoï mystérieux où les trains emmenaient les déportés quelque part en Pologne. Camps de travail forcé, ghettos où ils risquaient de mourir d'épuisement, de maladie, de faim. Les rumeurs les plus alarmantes circulaient mais les prisonniers ignoraient que là-bas, à l'est de l'Europe, ce n'était pas un camp, si dur soit-il, qui les attendait, mais l'extermination systématique dans les chambres à gaz. Les témoignages des survivants s'accordent sur ce point : non, cela, ils ne le savaient pas.

Les enfants d'Izieu, les plus jeunes en tout cas, ont-ils cru, comme on a probablement tenté de les en convaincre, que là-bas ils retrouveraient leurs parents ? Certains peut-être. A Izieu, les frères Goldberg avaient pourtant dit à Julien Favet : « Si on part d'ici, tu ne nous reverras plus. » Julien Favet n'a pas oublié non plus le jour où les deux adolescents lui avaient confié leurs projets d'avenir. Une petite phrase est restée gravée dans sa tête : « Si on est encore en vie après la guerre on fera… »

Nul ne saura jamais les illusions ou la lucidité, les espoirs et les angoisses de Sami, Jean-Paul, Mina et Claudine, Alice-Jacqueline, Esther, Marthe et Sigmund, et de tous leurs frères d'Izieu pendant leur séjour à Drancy.

En revanche les témoignages des survivants ont décrit la vie à Drancy et en particulier le calvaire de la dernière nuit avant la déportation.

Pour chaque convoi, le rituel était le même et les enfants d'Izieu l'ont certainement subi. La plupart furent soutenus par leurs éducateurs, mais Alice-Jacqueline, Hans et Charles furent abandonnés seuls et sans défense à la brutalité nazie. Car depuis l'été 1943, ce n'était plus la Préfecture de police de Paris mais les hommes de la Gestapo qui administraient directement le camp. C'est donc eux qui, la veille du départ, fouillaient et dépouillaient les «déportables» de leur argent et de tout ce qui pouvait avoir une valeur. Les hommes étaient rasés et tous étaient entassés dans des chambres dépourvues de tout : sans lit, sans siège, sans paille, avec, sur le palier, un seul seau hygiénique pour plus de cent personnes. Bientôt l'urine et les excréments souillaient les murs. Ces heures étaient affreuses, entrecoupées de sanglots et de chants. Au petit matin, la longue file des autobus arrivait dans la cour, avant de repartir, surchargés, quelques minutes plus tard, vers la gare de Bobigny où les déportés étaient entassés dans des wagons de marchandises.

Chapitre IX

Le dernier voyage

Ainsi commence le voyage vers l'enfer, voyage qui est lui même un enfer dont les rares rescapés ont dit les trois jours et les trois nuits d'effroyable martyre.

Serrés, écrasés, enfermés, manquant d'air dans ces wagons plombés, les enfants ont connu les affres de la faim et de la soif, la nausée des tinettes qui débordent et la répulsion devant l'avilissement, la folie ou la mort de leurs compagnons de voyage.

Une femme, Edith Klebinder, était dans ce convoi du 13 avril, dans le même train que la petite troupe d'Izieu et leurs cinq moniteurs. Elle a survécu, elle est revenue et, au procès Barbie[37], à la barre des témoins, elle a pu raconter l'arrivée des enfants sur le quai d'Auschwitz-Birkenau.

Quand les portes du train se sont ouvertes, un S.S. a demandé en hurlant quelqu'un qui parlait allemand. Edith Klebinder s'est présentée. Quelques minutes après, le groupe des enfants est sorti du dernier wagon et le S.S. a demandé aux moniteurs s'ils voulaient rester avec les enfants. Tous ont répondu : « Oui, bien sûr, nous sommes leurs mères adoptives. » Alors les S.S. les ont poussés vers les camions, répétant à tous : « Comme ça vous irez plus vite. »

Au procès Barbie, Léa Feldblum, elle aussi rescapée, a décrit l'arrivée à Auchswitz, quand en quelques minutes à peine, les enfants lui ont été arrachés. Son témoignage était décousu, haché, incomplet comme si, revenue de l'enfer, Léa était devenue à tout jamais incapable de l'évoquer. Voilà l'essentiel de ce qu'elle a pu dire et répondre au président du tribunal à Lyon : « C'était la nuit. Quand j'y repense la tête me tourne. Il y avait des S.S. qui criaient des ordres. Des chiens. Des flammes rouges au loin. Et le docteur Mengele faisait le tri. Tous disaient "vite ! vite !" On m'a poussée vers une file. J'ai protesté. Les enfants pleuraient. Ils avaient peur. Un S.S. m'a demandé : "Ce sont tes enfants ?" Je lui ai répondu : "C'est une maison d'enfants." On m'a séparée d'eux. Jetée de côté. Le petit Emile Zuckberger s'agrippait à moi. Mengele me l'a arraché des bras. Moi j'ai survécu et on les a brûlés. » Le président du tribunal a voulu être sûr d'avoir bien entendu : « Les enfants ont été brûlés ? » a-t-il insisté.

« On les a pris. Tous brûlés. Oui ! » a crié Léa de sa voix aiguë au fort accent polonais.

Quarante-quatre enfants voulaient vivre. Quarante-quatre espoirs. Quarante-quatre promesses. Corps calcinés. Réduits en cendres. Quel était leur crime ? Etre nés juifs.

Postface

Ce récit est une histoire vraie. Pas un cauchemar. Même si nous n'arrivons pas à comprendre comment elle fut possible. Des historiens du nazisme ont consacré leur vie à rassembler documents, archives et témoignages pour essayer d'éclairer ce scandale absolu : il y a cinquante ans, l'Allemagne, l'une des nations les plus civilisées du monde, a massacré plus de cinq millions de Juifs au cœur de l'Europe.

Pour certains historiens, les camps de la mort sont l'accomplissement logique de l'antisémitisme forcené d'Hitler. A l'appui de leur thèse, ils citent des passages de *Mein Kampf* et des lettres où Hitler exprime dès les années 1920 sa haine délirante contre les Juifs et son intention de les supprimer.

D'autres spécialistes estiment que la «solution finale» a été l'aboutissement de radicalisations successives de la politique antisémite du Troisième Reich. Ils soulignent les revirements et l'incohérence de cette politique : Hitler commença par chasser les Juifs d'Allemagne. Puis la guerre et la fermeture des frontières rendirent impossible la poursuite de ces expulsions. Il voulut alors créer une «réserve juive» à Madagascar mais ce plan avorta également. Quant au projet de transplanter les Juifs dans les nouvelles terres conquises en U.R.S.S., les défaites à l'est ruinèrent ce plan en quelques mois.

Alors, extermination préméditée et planifiée ou escalade de crimes de plus en plus sauvages ? La réponse consiste peut-être à conjuguer les deux approches. Hitler était habité par l'obsession d'éliminer les Juifs mais les chambres à gaz sont le résultat de cette haine conjuguée à l'échec de tous ses plans d'expulsion, échec encore exacerbé par ses défaites militaires en U.R.S.S.

Quand fut décidé l'élimination systématique des Juifs ? Le génocide fut-il ordonné pendant l'été ou l'automne 1941 ? C'est pendant ce semestre en tout cas que des responsables nazis ont mis au point l'utilisation des gaz et que les premiers camps de la mort ont commencé à fonctionner.

En juin 1941, quand les troupes allemandes pénétrèrent en Russie, les Einzatzgruppen[38] tuèrent un million de Juifs soviétiques. Hommes, femmes et enfants. A partir de ce moment-là, il était certain que le massacre n'allait pas se limiter aux Juifs d'U.R.S.S. Le programme de déportation commença à se réaliser. Six camps de la mort furent construits en 1941 et 1942. Le gazage des Juifs polonais débuta en décembre 1941, celui des Juifs européens au printemps 1942.

En janvier 1942, lors de la conférence de Wannsee, le général S.S. Heydrich expliqua que l'évacuation des Juifs vers l'est n'était qu'une étape provisoire de l'exécution de la « solution finale ».

Cette conférence est restée célèbre car l'expression « solution finale » a longtemps fait croire que c'est au cours de cette réunion que l'extermination systématique des Juifs fut décidée. Les historiens savent aujourd'hui qu'elle était en marche depuis des mois et que la conférence de Wannsee était réunie pour mettre au point les modalités de la « solution finale ».

Les recherches historiques les plus poussées ne ressusciteront pas un seul des enfants d'Izieu. Et pourtant elles sont indispensables. Parce que mieux comprendre la naissance de la barbarie hitlérienne, c'est être mieux armé contre les tentations toujours renaissantes du racisme. Il faut donc connaître l'histoire du Troisième Reich et aussi celle du régime de Vichy.

En France, un peu plus des trois quarts des Juifs étaient encore vivants à la fin de la guerre. Sans doute est-ce grâce à l'aide de certains Français qui avaient compris, surtout à partir de 1942, que les Juifs tombés aux mains des Allemands étaient voués à la mort. Mais il apparaît aujourd'hui de plus en plus clairement que le gouvernement de Vichy est coresponsable de la mort du quart de la population juive de France. Ses lois antijuives, ses camps d'internement, la collaboration de sa police sont autant de preuves d'une complicité criminelle.

Il faut donc, de chaque côté du Rhin, oser regarder en arrière, reconnaître ses responsabilités, et combattre, sous ses nouvelles formes, le racisme d'aujourd'hui. Pour faire taire ceux qui nient l'existence des chambres à gaz. Oublier les enfants d'Izieu serait les tuer une seconde fois.

Notes

1. *Klaus Barbie* (1913-1991). Membre du parti nazi dès 1937. De 1942 à 1944 il est le chef de la section IV du SIPO-SD (ou Gestapo) de Lyon. Barbie est un homme de terrain zélé et fanatique. Il fait torturer et torture lui-même. Il multiplie les exécutions sommaires. Il envoie en déportation Juifs et résistants. Il est l'exemple même du gestapiste qui a sévi en France.
Après la guerre, Barbie fut employé par les services spéciaux des Etats-Unis puis de la dictature bolivienne. Retrouvé par Serge et Beate Klarsfeld en 1972, il a été jugé en 1987 à Lyon (voir Procès Barbie, note 37). Il est mort d'un cancer à la prison Montluc à Lyon le 25 septembre 1991.

2. *Gestapo.* Le mot Gestapo est généralement employé pour désigner le Service central de sécurité du Reich (R.S.H.A.), l'organisme de Himmler dont la Gestapo n'est en fait qu'un service particulier. Ce qu'il faut savoir c'est que le R.S.H.A., comme les différentes polices qui en dépendaient, a été un véritable Etat dans l'Etat, et le bras armé de la terreur nazie.

3. *Gazogène.* Gaz qui provient de la combustion du charbon de bois.

4. *Auschwitz.* Auschwitz a été un véritable complexe concentrationnaire regroupant trois camps différents :
– Auschwitz-I, où furent déportés les prisonniers russes, les Polonais et des prisonniers politiques, exterminés surtout par le travail ;
– Auschwitz-II-Birkenau (devenu le symbole de la barbarie nazie), un camp d'extermination où furent massacrés les Juifs (dont les Juifs français et polonais) et les Tsiganes ;
– Auschwitz-III-Monowitz, où fut construite la gigantesque usine de Buna (caoutchouc artificiel) de l'I. G. Farben.
Le premier était un camp de concentration (comme Buchenwald), le deuxième un camp d'extermination, le troisième un camp de concentration et de travail. Dans le premier et le dernier, les chances de survie étaient très faibles ; dans le deuxième, elles étaient pratiquement nulles.

5. *Troisième Reich.* *Reich* signifie « empire » en allemand. Le Premier Reich désigne le Saint Empire romain germanique du Moyen Age. Le Deuxième Reich fut fondé par Bismarck en 1871, et Hitler baptisa Troisième Reich l'Allemagne nationale-socialiste qui commence en 1933 quand il obtient les pleins pouvoirs et se termine en 1945 avec la capitulation allemande.

6. *Hitler* (1889-1945). Né en Autriche près de la frontière bavaroise dans une famille de paysans et de petits fonctionnaires. Après une jeunesse de misère et de vagabondage à Vienne, il s'engage dans l'armée bavaroise dès la déclaration de la guerre et sera un soldat héroïque. Scandalisé par la défaite, il fonde en 1920 le Parti national-socialiste des ouvriers allemands, parti ultra-nationaliste et démagogique.
En 1923, il organise le putsch de Munich. C'est l'échec : Hitler est arrêté et jugé. Son procès fait connaître son nom et ses idées à toute l'Allemagne mais c'est la crise économique de 1929 qui le ramène sur le devant de la scène. Des millions de chômeurs se précipitent vers les partis extrêmes ; l'armée et les puissances industrielles et financières se laissent séduire par ses idées, les partis traditionnels se com-

promettent et finissent par donner les pleins pouvoirs à Hitler en 1933.
A partir de cette date, Hitler, dictateur, établit l'«ordre nouveau» en Allemagne. Il proclame le parti nazi unique, commence le programme d'épuration raciale, élimine toute opposition, enrégimente la jeunesse dans les mouvements nazis. Obsédé par l'idée de revanche, il entraîne toute l'Europe dans la Seconde Guerre mondiale. Pendant les derniers mois, il dirige les opérations de son bunker à Berlin. C'est là qu'il se suicide le 30 avril 1945.

7. *Mein Kampf* (signifie : «Mon combat» en allemand). Livre écrit par Hitler en 1924 pendant son séjour en prison après le putsch manqué de Munich. Hitler y expose ses idées sur la supériorité de la race germanique et son intention d'exterminer les «indésirables». A partir de 1933, *Mein Kampf* est devenu le livre-culte du national-socialisme.

8. *S.S.* Pendant la guerre, le terme S.S. désigne en fait divers services qui dépendent de Himmler : les S.S., corps d'élite et de garde du Führer, les S.S. Totenkopfen («têtes de mort»), chargés des camps, les Waffen S.S., branche armée engagée sur le front, etc. Les unités mobiles de tuerie (Einsatzgruppen) sont constituées d'effectifs venant de la Gestapo, du S.D. (service de sécurité de la S.S.), etc.

9. *Juifs de Bade et du Palatinat.* Le *Gauleiter* (sorte de préfet régional nazi) Joseph Bürckel décida l'expulsion vers l'ouest et non vers l'est de tous les Juifs de sa circonscription, qui comprenait le pays de Bade, le Palatinat, la Sarre et la Lorraine. Le 22 octobre 1940, six mille cinq cents Juifs étaient donc raflés puis transportés dans des conditions épouvantables jusqu'au camp de Gurs où ils furent entassés dans des baraques misérables posées sur un terrain marécageux. Au cours de l'hiver 1940-1941, on comptera trente morts par jour au camp de Gurs.

10. *Camps de Rivesaltes, Gurs, Agde.* La Troisième République avait créé des camps (le premier en 1939 en Lozère) mais il s'agissait de camps de réfugiés et non d'internement coercitif. Cette mesure était liée à la guerre et à la xénophobie générale. Avec Vichy commence une logique d'exclusion qui fait de ces camps une forme de répression arbitraire contre des personnes jugées indésirables : étrangers antifascistes, Juifs étrangers, Républicains espagnols, Tsiganes...
En effet la loi du 4 octobre 1940 stipule que «les ressortissants étrangers de race juive» pourront être internés dans des camps spéciaux par décision du préfet du département. En juin 1941, le deuxième statut des Juifs autorisera les préfets à «prononcer l'internement dans un camp même si l'intéressé est français». Ces camps français emprisonneront donc une majorité de Juifs dont des milliers d'enfants. En 1941, les camps de la zone libre comptent quarante mille internés dont cinq mille enfants.

11. *Réfugiés espagnols.* Fin janvier 1939, la guerre civile espagnole s'achève par la défaite des Républicains. Dès la première semaine de février, un demi-million d'Espagnols fuient la terreur franquiste et cherchent refuge en France. Dans un désordre indescriptible, l'administration française interne ces réfugiés dans des camps dits «de transit», «d'hébergement» ou «d'internement» où ils seront enfermés avec tous ceux que Vichy veut exclure : les communistes, les Allemands et Autrichiens antinazis, dont un grand nombre de Juifs, etc. Les conditions de vie sont misérables et la mortalité très élevée.

12. *Gouvernement de Vichy.* Voir Maréchal Pétain, note 17.

13. *Résistant.* Nom donné à tous ceux qui luttaient clandestinement contre l'occupant. A partir du 18 juin 1940, il y eut une résistance extérieure dirigée de Londres par le général de Gaulle et, dès la fin 1940, une résistance intérieure créa des réseaux en zone Nord et en zone Sud. Ses actions étaient coordonnées par le Conseil National de la Résistance présidé par Jean Moulin.

14. *Pogrome.* Attaque violente, souvent meurtrière, contre une communauté juive. Les pogromes russes ou polonais sont restés tristement célèbres.

15. *Antisémitisme.* Racisme dirigé contre les Juifs.

16. *Zone Sud, zone occupée.* Quand le gouvernement de Pétain signe l'armistice franco-allemand le 22 juin 1940, l'Allemagne annexe l'Alsace et la Lorraine, et le reste de la France est divisé en deux par une ligne de démarcation : au nord, à l'ouest et au sud-ouest, les Allemands s'assurent une zone d'occupation ; au sud subsiste une zone dite «libre» où Pétain institue son nouveau régime : l'Etat français.
Le 11 novembre 1942, en représailles du débarquement allié en Afrique du Nord, les Allemands franchissent la ligne de démarcation. La zone dite «libre» disparaît.

17. *Maréchal Pétain* (1856-1951). Héros de la guerre de 1914-1918, il occupa ensuite divers postes de commandement. Ministre de la Guerre en 1934, ambassadeur de France en Espagne en 1939, il fut vice-président du Conseil en mai 1940 dans le gouvernement de Paul Reynaud. Au début du mois de juin 1940, les lignes françaises sont rapidement enfoncées, c'est la débâcle. Les Allemands arrivent à Paris le 14 juin, le gouvernement se replie à Bordeaux et Paul Reynaud démissionne. Pétain devient alors le nouveau président du Conseil. Au cours de la nuit du 22 juin, son gouvernement signe l'armistice avec l'Allemagne.
Le 1er juillet, il installe le gouvernement à Vichy et le 10, les assemblées lui donnent tous les pouvoirs. Pétain devient alors chef de l'«Etat français». Pétain et son gouvernement prétendaient sauvegarder les intérêts de la France vaincue. En fait, il a pratiqué une politique de collaboration avec l'Allemagne. Le 24 octobre 1940, Pétain rencontra Hitler à Montoire. Cette entrevue, où l'ancien vainqueur de Verdun serra la main du vainqueur de 1940, deviendra un symbole. Le discours prononcé par Pétain quelques jours après cette rencontre reflète ses illusions et celles des Français qui ont cru en lui. «C'est dans l'honneur et pour maintenir l'unité française (...) que j'entre aujourd'hui dans la voie de la collaboration. Ainsi dans un avenir prochain pourrait être allégé le poids des souffrances de notre pays, amélioré le sort des prisonniers, atténuée la charge de nos frais d'occupation, ainsi que pourrait être assouplie la ligne de démarcation.»
En fait, le gouvernement de Vichy a engagé la France dans une collaboration militaire (octroi de bases pour l'armée allemande, engagement des forces militaires françaises dans la défense de l'Empire contre les Anglais et les partisans de De Gaulle) et économique (exploitation de nos richesses au profit de la machine de guerre allemande, envoi de milliers de travailleurs français (voir S.T.O., note 26) en Allemagne pour faire tourner les usines du Troisième Reich.
Plus tragique et plus déshonorant encore, le régime pétainiste a mené une politique antisémite autochtone et spontanée. En effet, dès sa constitution en 1940, le pouvoir de Vichy a décrété, de sa propre initiative et sans pression allemande, une série de lois antijuives directement inspirées de l'idéologie raciste et xénophobe du gouvernement. Ainsi, le 22 juillet 1940, une commission était créée pour «dénaturaliser» les étrangers devenus français depuis 1927, dont une majorité de Juifs allemands, polonais, roumains, etc. Ainsi, le 27 août 1940, le décret Marchandeau, qui punissait le délit d'injure ou de diffamation raciale, était abrogé. Pire encore, la loi du 3 octobre 1940 portant statut des Juifs faisait d'eux des citoyens de catégorie inférieure. Exclus de beaucoup de professions, ils étaient livrés à l'arbitraire policier puisque les préfets avaient le pouvoir de les interner dans les camps spéciaux.
La guerre finie, Philippe Pétain fut jugé en Haute Cour et condamné à mort en août 1945. Cette peine fut commuée en détention perpétuelle à l'île d'Yeu où il mourut en 1951.

18. ***Le statut des Juifs du 3 octobre 1940*** est une loi qui vise à définir le Juif pour restreindre ses libertés, ses droits et l'exclure de la société française.
L'article premier définit le Juif : « Est regardé comme Juif (...) toute personne issue de trois grands-parents de race juive ou de deux grands-parents de la même race si son conjoint lui-même est juif. » Les articles suivants énumèrent les fonctions qui sont désormais interdites aux Juifs : chef de l'Etat, membre du gouvernement, Conseil d'Etat, Cour de cassation, Cour des comptes, Corps des Mines, Corps des Ponts et Chaussées, etc. Ils ne peuvent plus être juges de paix, préfets, sous-préfets, membres des corps enseignants, officiers, sous-officiers... De plus, ils sont exclus de la presse, du cinéma, de la radiodiffusion, du théâtre. Ils pourront continuer à exercer des professions libérales dans la limite des quotas qui seront peu après adoptés pour assurer l'« élimination des Juifs en surnombre ».
Cette loi honteuse, qui ressemble à l'ordonnance promulguée en Allemagne en septembre 1935, a été élaborée par le gouvernement de Vichy, de sa propre initiative et sans que les Allemands n'aient rien demandé. Elle était signée par Philippe Pétain, maréchal de France, Pierre Laval, vice-président du Conseil, Raphaël Alibert, garde des Sceaux, Marcel Peyrouton, ministre-secrétaire d'Etat aux Affaires étrangères, etc., bref, par la fine fleur de l'administration française.

19. ***La loi du 4 octobre 1940*** complète le statut des Juifs du 3 octobre. Elle concerne les « ressortissants étrangers de race juive » qui, sur décision du préfet du département de leur résidence, « pourront être internés dans un camp spécial même si l'intéressé est français ». A partir de cette date, les Juifs français sont dans une situation aussi dangereuse que les Juifs étrangers.

20. ***O.S.E. (Œuvre de Secours aux Enfants).*** Cette œuvre a été fondée en Russie en 1912 pour protéger les populations juives contre les pogromes. Peu à peu elle a essaimé vers l'ouest, en Pologne, dans les pays Baltes, en Roumanie, en Angleterre, en Allemagne et en France.

21. ***Rafle du Vel' d'Hiv.*** Elle a eu lieu les 16 et 17 juillet 1942 à Paris et dans sa banlieue. A cette époque, l'extermination des Juifs est déjà très avancée. En juin, Himmler avait donné l'ordre de transférer à Auschwitz un plus grand nombre de Juifs en provenance de l'Europe du Sud-Est (notamment la Roumanie) et des régions occupées de l'ouest. Il a décidé que cent mille Juifs seraient déportés de France. Heureusement ce chiffre n'a pas été atteint. A ce moment-là, les négociations commencent donc entre Allemands et Français sur les questions suivantes : Comment atteindre un tel chiffre ? Qui rafler ? Juifs étrangers seulement, ou Juifs étrangers *et* français ? Avec quelle force de police ? allemande ou française ?
Le gouvernement de Vichy préférait que seuls les Juifs étrangers ou apatrides soient raflés et non les Français. D'autre part, il souhaitait que les rafles aient lieu en zone occupée et non en zone libre où la responsabilité de Vichy était seule engagée. Les Allemands, eux, voulaient déporter aussi les Juifs français et insistaient pour opérer dans les deux zones. En outre, ils firent pression pour obtenir la collaboration de la police française qui leur était indispensable : ils n'avaient ni les effectifs ni la connaissance du terrain nécessaires pour arrêter autant de Juifs. Après un mois de discussion, le gouvernement français céda aux volontés allemandes. Bousquet, le chef de la police de Vichy, promit que les Juifs seraient arrêtés en zone libre comme en zone occupée et que la police française se chargerait de la rafle. En contrepartie, la rafle ne toucherait pas les Juifs français.
Proposition plus scandaleuse encore : Laval offrit aux Allemands de déporter aussi les enfants de moins de seize ans qui jusque-là étaient provisoirement épargnés par les Allemands. En effet Laval ne savait que faire de ces milliers d'orphelins, il craignait les réactions de l'opinion française devant la séparation des familles et demanda donc aux Allemands d'emmener aussi les enfants.

Avec la rafle du Vel' d'Hiv, les Allemands espéraient arrêter vingt-huit mille Juifs environ. Ils furent déçus : treize mille seulement furent pris. La préparation d'une rafle aussi énorme n'a pas pu rester totalement secrète. Des fuites ont permis à certains d'échapper à la souricière. Des policiers sont allés, la veille, prévenir des familles, des organisations juives de résistance ont diffusé des mises en garde et quand, au petit matin, les policiers sonnèrent à la porte des victimes, ils trouvèrent parfois un appartement vide.
Une fois pris, les hommes et les femmes sans enfants sont emmenés à Drancy, les familles au Vel' d'Hiv. Là, sept mille cinq cents personnes dont quatre mille enfants sont entassés cinq jours durant sans que rien n'ait été préparé pour les accueillir. Sans eau, sans nourriture, sans lit, ils sont contraints de somnoler sur les gradins du vélodrome.
Le 22 juillet, toutes les familles enfermées au Vel' d'Hiv sont transférées dans le Loiret, soit à Beaune-la-Rolande, soit à Pithiviers. Là aussi, ils seront parqués dans des conditions atroces. Des épidémies se déclarent, un certain nombre d'enfants meurent. Et l'un des épisodes les plus tragiques de l'Occupation s'accomplit : les parents sont séparés de leurs enfants et emmenés à Drancy pour être déportés à Auschwitz dans les premiers jours d'août. Les petits sont arrachés à leurs mères à coups de crosse, les enfants hurlent en les voyant disparaître derrière les barbelés. Ils resteront seuls, pratiquement abandonnés à eux-mêmes pendant quinze jours, pour être déportés à leur tour, mi-août, vers Drancy puis Auschwitz. Parmi ces enfants, huit cents avaient moins de six ans. Ils traverseront l'Europe seuls, sans leurs mères, dans des wagons de marchandises plombés, en plein été, livrés à la cruauté des S.S. C'est Jean Leguay, représentant de Bousquet pour la zone occupée, qui fut l'organisateur méticuleux de ces convois. Visiblement plus soucieux du remplissage des trains exigé par les Allemands que du calvaire qu'il imposait à des milliers d'enfants.
Des treize mille Juifs de la rafle du Vel' d'Hiv, presque aucun n'est revenu.

22. *Rafles de l'été 1942.* Au cours des négociations de l'été 1942, Laval et Bousquet se sont engagés à livrer, entre le 8 et le 15 août, onze mille Juifs apatrides ou étrangers déjà internés dans les camps de la zone libre. De surcroît, ils proposent un «coup de filet éclair» les 26 et 28 août. Cette rafle amènera encore des milliers de Juifs, surtout étrangers, adultes et enfants, à Drancy, qui, de là, seront transportés à Auschwitz. Le 22 août, Bousquet envoie à tous les préfets de zone libre ce télégramme : «Le Chef du Gouvernement [Laval] tient à ce que vous preniez personnellement en main le contrôle des mesures décidées à l'égard des Israélites étrangers. Vous n'hésiterez pas à briser toutes les résistances que vous pourrez rencontrer dans les populations et à signaler les fonctionnaires dont les indiscrétions, la passivité ou la mauvaise volonté auraient compliqué votre tâche.»
Ces rafles du mois d'août en zone libre, comme les rafles de juillet en zone occupée, ont un grand retentissement dans l'opinion publique. Des leaders des églises protestantes et catholiques écrivent des lettres de protestation à Pétain. Cette réaction de l'opinion a obligé les Allemands et Vichy à ralentir le rythme des déportations. Celles-ci n'ont plus jamais connu l'intensité de l'été 1942, qui fut la période la plus tragique de l'histoire des Juifs en France.

23. *Zone italienne.* De novembre 1942 à septembre 1943, les Italiens occupent huit départements français : les Alpes-Maritimes, les Hautes-Alpes et les Basses-Alpes, la Savoie et la Haute-Savoie, le Var, l'Isère, une partie de l'Ain et la Corse. Pendant ces dix mois, l'administration italienne protège les Juifs mais quand, en septembre 1943, l'Italie capitule, les Allemands occupent immédiatement ces huit départements et organisent de terribles rafles à Cannes, à Nice, etc.

24. *Eclaireurs israélites.*. Mouvement de scoutisme juif qui prit une grande importance pendant la guerre où il devint un véritable mouvement de résistance. Les Eclaireurs israélites sortent les enfants des camps français, créent des *homes* pour les accueillir, fabriquent de faux papiers, font passer les plus de quinze ans en Suisse, constituent des maquis armés, etc.

25. *S.T.O.* (Service de Travail Obligatoire). Le Troisième Reich exige en 1942 l'envoi de près de deux millions de travailleurs français en Allemagne pour faire tourner l'économie allemande, et en février 1943, une loi du gouvernement de Vichy réquisitionne pour un «Service de Travail Obligatoire» les jeunes gens nés entre 1920 et 1922.

26. *Quakers.* Secte religieuse installée aux Etats-Unis depuis le XVIIe siècle, les Quakers sortirent des enfants juifs des camps français et firent partir un certain nombre d'entre eux aux Etats-Unis.

27. *Maquis de l'Ain.* Pendant la guerre, «maquis» était le nom donné aux organisations de résistance armée.

28. *Tickets d'alimentation.* Pour faire face au rationnement imposé par les Allemands.

29. *U.G.I.F.* (Union Générale des Israélites de France), fondée par le gouvernement français en novembre 1941 sous la pression des Allemands. Tous les Juifs français et étran-gers devaient s'y inscrire. Et toutes les associations juives de bienfaisance devaient y adhérer. Le rôle de l'U.G.I.F. fut complexe et controversé.

30. *Docteur Mengele* (1911-1978?). Docteur et officier S.S., Mengele adhère au parti nazi en 1937. En mai 1943, il est affecté à Auschwitz où il sévit jusqu'à l'évacuation, en janvier 1945. Il était chargé de la sélection des Juifs à leur arrivée au camp et il est resté célèbre pour ses pseudo-expériences médicales très douloureuses qu'il pratiquait sur les internés. Après la guerre il fuit en Amérique du Sud et certains pensent qu'il s'est noyé au Brésil en 1978.

31. *Les Cahiers de Témoignage chrétien.* Publications catholiques qui ont dénoncé dès l'automne 1941 l'antisémitisme. En 1942, les Cahiers publient deux numéros : *Les Racistes peints par eux-mêmes* et *Antisémites* qui incitent les chrétiens à lutter contre le racisme et à manifester leur solidarité envers les Juifs.

32. *Joseph Darnand* (1897-1945). Militant d'extrême-droite avant la guerre, Darnand fut, après l'armistice de 1940, partisan de la collaboration avec l'Allemagne et fonda, en janvier 1943, la Milice française pour lutter contre la Résistance. Jugé en octobre 1945, il fut condamné à mort et fusillé.

33. *La Milice.* Organisation créée par Joseph Darnand en janvier 1943, elle participa à la politique de collaboration en luttant contre les réseaux de la Résistance.

34. *Drancy.* Camp d'internement de la banlieue parisienne, Drancy fut l'un des principaux points de départ des convois vers les camps de l'Est.

35. En fait il y avait quarante-quatre enfants et non quarante et un, mais les Allemands ont dû considérer Théo Reis (seize ans), Arnold Hirsch (dix-sept ans) et Fritz Loebman (quinze ans) comme des moniteurs et non comme des enfants. Voir dans *Les Enfants d'Izieu, une tragédie juive*, documentation réunie par maître Klarsfeld, président de l'association «Les Fils et Filles des déportés juifs de France», The Beate Klarsfeld Foundation.

36. *Tribunal de Nuremberg.* Vingt-quatre dirigeants et huit organisations (la Gestapo, les S.S., le S.D., etc.) furent jugés à Nuremberg par un tribunal militaire international. Le procès dura du 18 octobre 1945 au 1er novembre 1946. Les accusations portaient sur les crimes de guerre, les crimes contre la paix et les crimes contre l'humanité. Onze responsables nazis furent condamnés à mort, d'autres à des peines de prison. Un grand nombre de criminels avaient pris la fuite.

37. *Procès Barbie.* Le 11 mai 1987 à Lyon, devant la cour d'assises du Rhône, s'ouvrait le procès de Klaus Barbie. Expulsé de Bolivie, il avait été transporté en Guyane française, arrêté et ramené à Lyon où il était accusé de crimes contre l'humanité commis entre 1942 et 1944 à Lyon.

C'est le tribunal de Nuremberg qui, en 1946, a défini cette notion de «crimes contre l'humanité» comme : constitués par «l'assassinat, l'extermination, la réduction en esclavage, la déportation et tout acte inhumain commis contre toute population civile, avant ou pendant la guerre, ou bien par les persécutions pour des motifs politiques, raciaux ou religieux».

Ces crimes contre l'humanité sont imprescriptibles depuis 1964, c'est-à-dire que le coupable doit en répondre toute sa vie, sans limite de temps, contrairement aux crimes de guerre, par exemple, prescrits au bout de vingt ans.

Les charges retenues contre Barbie étaient :

– la rafle commise au siège de l'U.G.I.F (Union Générale des Israélites de France) à Lyon le 9 février 1943 ;

– la rafle d'Izieu le 6 avril 1944 ;

– l'envoi le 11 août 1944 de plus de six cents Juifs et résistants en camp d'extermination ;

– les tortures et déportations de nombreux résistants.

La défense de Barbie a été de prétendre qu'il n'a fait «qu'exécuter» les tâches ordonnées par ses supérieurs. En fait, en tant que chef de la section 4 de la Gestapo lyonnaise, il était bien le responsable de la lutte contre les Juifs et contre les résistants.

Les moments les plus importants du procès furent ceux où déposèrent les parties civiles et parmi elles, les rescapés du drame d'Izieu. En les écoutant, chacun put entendre comment l'horreur nazie était allée jusqu'à tuer des enfants. «Le crime contre l'humanité c'est tuer quelqu'un sous prétexte qu'il est né», a écrit André Frossard, témoin lui aussi au procès Barbie. Izieu est donc l'incarnation même du crime contre l'humanité.

Quarante-trois ans après la rafle, quand Fortunée Benguigui et Ita Halaunbrenner, deux mères des enfants d'Izieu, sont venues témoigner à la barre, un silence absolu régnait dans le tribunal. Quand Fortunée Benguigui parlait, ses fils Jacques, Jean-Paul et Richard étaient là dans le prétoire, ressuscités pour quelques minutes par la voix de leur mère. «Comme ils étaient heureux ! Jacques, un vrai boute-en-train. Il était scout, il marchait toujours le premier, il chantait, il était si gai !» Et Richard, sept ans, «lui aussi, comme il était drôle !» Et Jean-Claude, le benjamin, «qui adorait la gymnastique. Tous les hommes de la maison venaient le regarder faire des roulades, du trapèze...»

Des voix cassées, tremblantes, des respirations désordonnées contre des micros, des poings serrés. «Qu'est-ce que je souffre ! Je souffre ! Il a pris mon mari, mon fils, il vit encore», a martelé Ita Halaunbrenner, exténuée, à la fin de sa déposition. Ces voix tremblantes étaient le plus terrible des réquisitoires.

Léa Feldblum, Sabina Zlatin, Léon Reifman, Julien Favet, Paul Niederman, Adolphe Waysenson, Edith Klebinder et d'autres apportèrent aussi leurs témoignages.

Le dernier jour du procès, le président Cerdini a demandé à Barbie s'il avait quelque chose à dire. L'accusé jusque-là silencieux ou absent (il avait refusé d'assister à presque toutes les séances) répondit en français : «Je n'ai pas commis la rafle d'Izieu. Je n'ai jamais eu le pouvoir de décision de la déportation. J'ai combattu la Résistance que je respectais avec dureté. Mais c'était la guerre et la guerre c'est fini.»

Le lendemain, le 4 juillet, la cour d'assises du Rhône rendait son verdict. Elle reconnaissait Barbie comme coupable de crimes contre l'humanité et refusait les circonstances atténuantes. Barbie était condamné à la réclusion à perpétuité.

38. *Einzatzgruppen.* Voir note 7 sur les S.S.

Chronologie

1939

3 septembre : Le Reich envahit la Pologne. La Grande-Bretagne puis la France décrètent la guerre à l'Allemagne.

1940

6 juin : Début de la débâcle.

14 juin : L'armée allemande entre à Paris.

16 juin : Pétain, nommé président du Conseil, demande l'armistice.

18 juin : Premier discours du général de Gaulle à la B.B.C.

22 juin : Signature de l'armistice à Rethondes. La ligne de démarcation coupe la France en deux zones.

29 juin : Le gouvernement s'installe à Vichy.

10 juillet : Les Chambres votent les pleins pouvoirs à Pétain, chef de l'« Etat français »

17 septembre : Renforcement des restrictions alimentaires.

3 octobre : Premier statut des Juifs de Vichy.

24 octobre : Pétain rencontre Hitler à Montoire.

11 novembre : Manifestation d'étudiants et de lycéens à Paris et en zone occupée contre l'occupation allemande.

1941

29 mars : Le gouvernement de Vichy crée le Commissariat général aux questions juives.

14 mai : Première rafle de Juifs étrangers à Paris.

22 juin : Le Reich envahit l'U.R.S.S.

7 décembre : Les Japonais attaquent Pearl-Harbour. Les Etats-Unis entrent dans la guerre.

1942

2 janvier : Jean Moulin est parachuté en France.

27 mars : Départ du premier convoi de déportation de Juifs.

29 mai : Une ordonnance allemande oblige les Juifs à porter l'étoile jaune en zone occupée.

16-17 juillet : Rafle du Vel' d'Hiv.

30 août : Monseigneur Saliège, archevêque de Toulouse, dénonce publiquement les persécutions des Juifs.

8-9 novembre : Débarquement allié en Afrique du Nord.

11 novembre :L'armée allemande envahit la zone non occupée.

1943

30 janvier : Création de la Milice française.

2 février : Capitulation allemande à Stalingrad.

Avril : Création de la maison d'Izieu.

27 mai :Première réunion du Conseil national de la Résistance.

3 juin : Fondation à Alger du Comité français de libération nationale.

8 septembre : Capitulation de l'Italie.

1944

6 avril : Arrestation à Izieu et déportation de 44 enfants et 7 adultes.

2 juin : Création du Gouvernement provisoire de la République française présidé par le Général de Gaulle.

6 juin : Débarquement allié en Normandie.

10 juin : Massacre d'Oradour-sur-Glane.

21-23 juillet : Attaque du maquis du Vercors.

15 août : Départ du dernier convoi de déportés de France.

19-25 août : Libération de Paris.

1945

27 janvier : Le camp d'Auschwitz est libéré par les Soviétiques.

23 juillet : Ouverture du procès de Pétain.

4-15 octobre : Laval jugé et exécuté.

8 mai : Capitulation du Reich.

Bibliographie

– *Vichy-Auchwitz. Le rôle de Vichy dans la solution finale en France* (tome I et II), Serge Klarsfeld, Fayard.
– *Les Juifs pendant l'Occupation*, André Kaspi., Le Seuil.
– *Les Enfants d'Izieu, une tragédie juive*, Serge Klarsfeld, édité par « Les Fils et Filles des déportés Juifs de France ».
– *Les Années noires. Vivre sous l'Occupation,* Henry Rousso, « Découvertes Gallimard ».
– *Les Enfants d'Izieu*, Rolande Causse, « Petit Point », Le Seuil.
– *L'Ami retrouvé,* Fred Ulhman, « Mille soleils » ou « Folio Junior », Gallimard.
– *Le Journal d'Anne Frank*, « Folio Junior », Gallimard.
– *Ces enfants qui nous manquent,* Antoine Spire, Maren Sell.
– *La Maison vide*, Claude Gutman, « Page Blanche », Gallimard.
– *Quand Hitler s'empara du lapin rose*, Judith Kerr, L'Ecole des loisirs.
– *Mon enfance en Allemagne nazie et Tilla*, Ilse Koehn, L'Ecole des loisirs.
– *Sur la tête de la chèvre*, Aranta Siegal, « Page Blanche », Gallimard.

Remerciements

Ce livre doit beaucoup à Madame Zlatin, fondatrice et directrice de la Maison d'Izieu, toujours disponible pour « raconter» Izieu avec un grand souci de vérité.
Alexandre Halaunbrenner, frère de Mina et de Claudine, Alice Naerof, sœur d'Alice-Jacqueline Lutzgart, le docteur Léon Reifman, Paul Niederman, ancien pensionnaire d'Izieu et ami d'enfance de Théo Reis, ont évoqué avec douleur et joie ceux qu'ils ont perdus. Un merci particulier à Paul Niederman grâce à qui j'ai pu décrire le voyage de Théo chassé d'Allemagne. Il m'a confié les photos des enfants.
Julien Favet m'a raconté la rafle dont il n'a rien oublié.
Edmond Adler, Henri Alexander, André Castelnau, Philippe Déhan, Marie-Louise Jacob, Dora Leidervarger, Renée Pariselle, Marie Perticoz, Samuel Pintel, Rachel Pludermacher, Claude Raiz, Gabrielle Tardy, Hélène et Adolphe Waysenson, le préfet Pierre-Marcel Wiltzer, tous m'ont aidée à faire revivre les enfants et la Maison d'Izieu.
Henri Perret, maire d'Izieu au moment du procès Barbie, a été un guide précieux dans

son village. Vivette Samuel a remarquablement résumé l'histoire de l'O.S.E. Vidar Jacobsen, Sarah Mimoun et Sara Halperyn du Centre de Documentation Juive Contemporaine ont répondu à toutes mes questions avec compétence et chaleur. Hugh Nissenson m'a prêté de nombreuses lettres de Georgy Halpern.

Les historiens Henri Rousso et Anne Grynberg ont veillé à l'exactitude historique.

Maître Roland Rappaport, avocat de Madame Zlatin au procès Barbie, a lui aussi relu le manuscrit et m'a fourni de précieuses précisions.

Simon Pintel, qui a classé toutes les archives des enfants d'Izieu, a été un compagnon compétent et enthousiaste pendant toute l'enquête.

Aux Editions Gallimard, les encouragements et les remarques de Marion Challier ont été une aide précieuse, de la naissance du projet jusqu'à son aboutissement. Antoine Capelle, concepteur, a mis tout son talent au service du livre.

Enfin Marc Riboud, mon mari, m'a le premier parlé d'Izieu pendant le procès Barbie. Il m'a fait partager sa révolte devant l'horreur comme la nécessité d'en transmettre le souvenir.

L'association du musée-mémorial d'Izieu s'est constituée au lendemain du procès Barbie pour créer dans la maison des enfants, un musée, lieu de mémoire de tous les enfants déportés. Il présente les dessins, les lettres et les photographies des enfants.

L'association, placée sous le haut-patronage du Président de la République, est composée de responsables de la communauté juive, d'anciens résistants, d'élus locaux, etc... Association du Musée-Mémorial. Maison du combattant.

26, avenue des Anciens Combattants, 01000 Bourg en Bresse.

Crédit photographique :
Paul Niederman, Paulette et Renée Pallarès, Marc Riboud.
Madame Naerof, 61, 62b, 63. Bibliothèque Nationale, 54-55, 56-57, 66.
ISBN : 2-07-058313-9

N° d'édition : 65982
Dépôt légal : avril 1994
Imprimé en France
par l'Imprimerie Hérissey à Évreux
N° 64560

Conception et Réalisation : Antoine Capelle

P.A.O. : François Fourrier